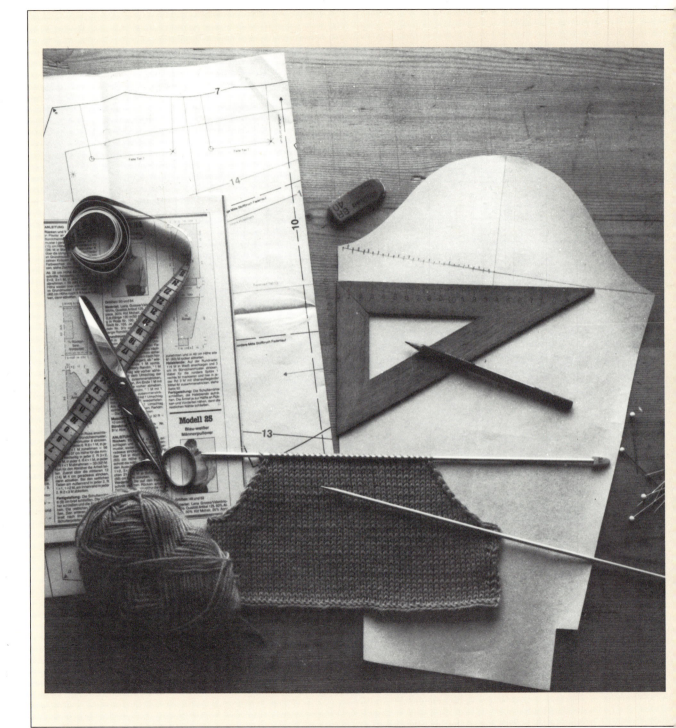

Falken-Handbuch

Stricken

ABC der Stricktechniken und Strickmuster in ausführlichen Schritt-für-Schritt-Bildfolgen

von Maria Natter

Für die freundliche Unterstützung danken wir dem internationalen Handarbeits-Verlag, Feldkirch.

Die Strick-/Symbolschrift in diesem Buch ist urheberrechtlich geschützt und darf von Dritten nur mit ausdrücklicher Genehmigung des Verlages verwendet werden.

CIP-Kurztitelaufnahme der Deutschen Bibliothek

Natter, Maria:
Stricken : ABC d. Stricktechniken u. Strickmuster in ausführl. Schritt-für-Schritt-Bildfolgen / von Maria Natter. — Niedernhausen/Ts. : Falken-Verlag, 1983.
  (Falken-Handbuch)
  (Falken-Sachbuch)
  ISBN 3-8068-4137-3

ISBN 3 8068 4137 3

© 1983 by Falken-Verlag GmbH, 6272 Niedernhausen/Ts.
Grafische Gestaltung: Vorarlberger Grafik, Hard
Titelbild: Studio für Fotografik Burock, Wiesbaden
Fotos: Archiv; Axel Weber, Wiesbaden
Satz: Gachet & Co., 6070 Langen
Druck: Uhl, Radolfzell

817 2635

Symbole
(Arbeitsweise in Bild-Schrittfolge siehe Seite . . .)

○ ● Rechte Masche (Seite 28/30). Die gefüllte Masche wird bei mehrfarbigen Mustern verwendet.

— Linke Masche (Seite 32/34).

⅄ Rechts verschränkte Masche (Seite 36/38).

⅄ Links verschränkte Masche (Seite 37/39).

A Masche links abheben (Seite 40).

> 2 Maschen oder 1 Umschlag und 1 Masche rechts zusammenstricken (Seite 122).

∨ 2 Maschen oder 1 Umschlag und 1 Masche links zusammenstricken (Seite 125).

∧ 2 Maschen überzogen zusammenstricken (Seite 132).

⅄ 2 Maschen rechts verschränkt zusammenstricken (Seite 42/44).

→ 3 Maschen rechts zusammenstricken, dabei von vorne einstechen.

⩔ 3 Maschen links zusammenstricken (Seite 116).

⋀ 3 Maschen überzogen zusammenstricken (Seite 134).

⅄ 3 Maschen rechts verschränkt zusammenstricken, dabei seitwärts nach hinten einstechen (Seite 268).

○ Aus dem Querfaden zwischen 2 Maschen 1 Masche rechts herausstricken, dazu den Querfaden von vorne auf die linke Nadel heben.

─○─○ Aus dem Querfaden zwischen 2 Maschen 4 Maschen rechts – links – rechts – links, herausstricken, dabei den Querfaden auf der linken Nadel lassen und den Arbeitsfaden abwechselnd nach vorne oder hinten legen.

⅄ Aus dem Querfaden zwischen 2 Maschen 1 Masche rechts verschränkt herausstricken, dazu seitwärts nach hinten in die aufgefaßte Schlinge (Querfaden) einstechen.

⚬⚬⚬⚬ Aus der rechten Masche zusätzlich 1 Masche rechts verschränkt herausstricken; zuerst die rechte, dabei die Masche auf der linken Nadel lassen, dann die verschränkte Masche.

Aus der linken Masche zusätzlich 1 Masche links verschränkt herausstricken; zuerst die verschränkte, dabei die Masche auf der linken Nadel lassen, dann die linke Masche.

Umschlag legen

Zweifacher, dreifacher Umschlag, indem der Faden entsprechend oft von vorne nach hinten über die Nadel gelegt wird (Seite 127).

Umschlag der Vorreihe rechts abstricken (Seite 149).

Umschlag der Vorreihe links abstricken (Seite 148).

Umschlag der Vorreihe links abheben (Seite 125).

Umschlag der Vorreihe mit 1 Masche links zusammenstricken (Seite 125).

2 gekreuzte Maschen nach rechts (Seite 84).

2 gekreuzte Maschen nach links (Seite 84).

4 gekreuzte Maschen nach rechts (wie 6 gekreuzte Maschen arbeiten).

4 gekreuzte Maschen nach links (wie 6 gekreuzte Maschen arbeiten).

6 gekreuzte Maschen nach rechts (Seite 90).

6 gekreuzte Maschen nach links (Seite 97).

6 gekreuzte Maschen, wobei die mittleren 2 oben liegen und senkrecht verlaufen (Seite 96).

6 gekreuzte Schlingen (Seite 128).

Zugmasche nach rechts (Seite 102).

Zugmasche nach links (Seite 103).

2 Zugmaschen nach rechts (Seite 108).

2 Zugmaschen nach links (Seite 108).

Hochgezogene Masche (Seite 110).

Überzogene Maschen mit abgehobener Masche (Seite 150).

Überzogene Maschen mit Umschlag (Seite 112).

Überzogene Maschen mit Schlinge (Seite 113).

Flachrippe: Umschlag der Vorreihe über mehrere Maschen ziehen (Seite 114).

Hochrippe: 3 Schlingen aus 1 rechten Masche in der Rückreihe links zusammenstricken (Seite 115).

Stern: zunächst 3 Maschen rechts verschränkt zusammenstricken, dabei die Maschen auf der linken Nadel lassen, dann 1 Umschlag und noch 1 Masche rechts verschränkt herausstricken.

Rechte Masche über mehrere Reihen fallen lassen und hochziehen (Seite 117).

Flachnoppe (Seite 118).

Hochnoppe (Seite 120).

Gehäkelte feste Masche.

Gehäkelte Luftmasche.

Gehäkeltes 3-fach-Stäbchen.

5

Inhalt

4	Symbole
7	Vorwort
8	Wolle
10	Nadeln
12	Kreuzanschlag für Rechtshänder
14	Kreuzanschlag für Linkshänder
16	Doppelter Kreuzanschlag für Rechtshänder
18	Doppelter Kreuzanschlag für Linkshänder
20	Knotenschlinge für Rechtshänder
21	Gehäkelter Anschlag für Rechtshänder
22	Knotenschlinge für Linkshänder
23	Gehäkelter Anschlag für Linkshänder
24	Gestrickter Anschlag für Rechtshänder
25	Aufschlingen für Rechtshänder
26	Gestrickter Anschlag für Linkshänder
27	Aufschlingen für Linkshänder
28	Rechte Masche für Rechtshänder
30	Rechte Masche für Linkshänder
32	Linke Masche für Rechtshänder
34	Linke Masche für Linkshänder
36	Rechts verschränkte Masche für Rechtshänder
37	Links verschränkte Masche für Rechtshänder
38	Rechts verschränkte Masche für Linkshänder
39	Links verschränkte Masche für Linkshänder
40	Randmaschen für Rechtshänder
41	Randmaschen für Linkshänder
42	Abketten für Rechtshänder
43	Abnähen für Rechtshänder
44	Abketten für Linkshänder
45	Abnähen für Linkshänder
46	Symbolschrift
48	Kraus-, Rechts-, Linksgrund
49	Rechte und linke Maschen im Wechsel, Bündchenmuster
50	Streifenmuster waagrecht
51	Streifenmuster senkrecht
52	Strickmuster, die auf beiden Seiten gleich aussehen
53	Strickmuster, die auf der Rückseite ein neues Muster zeigen
54	Streifenmuster gemischt
56	Würfelmuster
64	Streifenmuster diagonal
68	Zackenmuster
70	Gemischte Muster
74	Flächenmuster
82	Bordüren
84	Muster mit gekreuzten Maschen
90	Zopfmuster
100	Musterkombinationen
102	Zugmaschenmuster
110	Muster mit hochgezogenen Maschen
112	Muster mit überzogenen Maschen
114	Rippenmuster
116	Reliefmuster
118	Noppenmuster
122	Patentmuster
126	Schlingenmuster
130	Durchbruchmuster
152	Kunststricken
162	Motivstricken
169	Buntstricken
196	Buntsticken
201	Stricken nach Schnitt
202	*Maßnehmen*
203	*Grundschnitt*
204	*Grundschnitt, Maßschnitt*
205	*Schnittkorrektur, Muster*
206	*Maschenprobe*
208	Berechnung der Maschen und Reihen
210	Zunehmen der Außenschräge
211	Abnehmen der Außenschräge
212	gerades Zu- und Abnehmen
213	geteiltes Stricken
214	blusiges Zunehmen
215	Zunehmen innerhalb der Fläche
216	Abnäher
222	Rundungen
224	Ärmel
230	Bündchen, Säume, Blenden
232	Halsausschnitte, Kragen
242	Taschen
252	Verschlüsse
260	Nahtverbindungen
264	Werdegang eines Modells
266	Formenstricken
266	*diagonal*
267	*Schals*
268	*dreieckig*
269	*Schultertücher*
270	*rund*
271	*Mützen*
276	*Handschuhe*
280	*Strümpfe*
294	*Strumpfhose*
295	*Kurze Hose*
296	*Bettschuhe*
298	*Babyschuhe*
300	*Rundpassen*
302	*Röcke*
308	Register

Vorwort

Das Falken-Handbuch »Stricken« ist ein umfassendes Lehr- und Nachschlagewerk – ein Abc der Stricktechniken, der Strickmuster und der Konfektionsstrickerei (Stricken nach Schnitt).
Der inhaltliche Aufbau wurde so konzipiert, daß Anfänger (Rechts- und Linkshänder) erstmals im Selbststudium diese weithin bekannte Handarbeitstechnik erfolgreich erlernen können. Fortgeschrittene finden über 300 Strickmuster mit Anregungen zu Variationen; erfahren, wie man von der Erstellung eines Grundschnitts zum selbstentworfenen modischen Modellschnitt gelangt; entdecken zahlreiche praktische Tips und in Vergessenheit geratene Fertigkeiten.
Dabei wird jede Maschenbildung bei der Einführung beziehungsweise in den Musterkapiteln in kleinen Arbeitsschritten gezeigt und erklärt. Gleichzeitig finden Sie im Foto die Entstehung des Maschensymbols (= Arbeitsweise zum leicht erinnerlichen Nachvollziehen) und/oder das endgültige Symbol, mit dem die Strickart der nachfolgenden Muster schnell abzulesen ist.
Diese neuartige Symbolschrift ermöglicht es auch, eigene Musterentwürfe exakt in Maschen- und Reihenanzahl auf dem individuellen Maßschnitt einzuteilen. Darüber hinaus lassen sich lange Musterbeschreibungen aus Modemagazinen, Illustrierten usw. rasch in die Symbole »übersetzen«; dabei fallen eventuelle Fehler sofort ins Auge und können noch vor Beginn der Maschenprobe korrigiert werden.
Wie die Symbolschrift zu lesen ist, was das Wort »Mustersatz« bedeutet und welche Funktion die Rahmen in den Fotos haben, ist nach den Grundtechniken auf den Seiten 46/47 erläutert.
Es folgen anschließend die Strickmuster, das Kunststricken und das mehrfädige Buntstricken mit den spezifischen Techniken.
Ab Seite 201 beginnt das große Kapitel »Stricken nach Schnitt«, in dem ausführlich geschildert und exemplarisch demonstriert wird, wie man anhand der persönlichen Körpermaße einen paßgerechten Grundschnitt zeichnet und von dort zum Modellschnitt mit Muster gelangt; wie verschiedene Ärmel-, Kragen- oder Blendenformen nach Schnittschema gestrickt werden; wie man Taschen, Abnäher, Rundungen, Knopflöcher, Verschlüsse und Nähte arbeitet; wie der Werdegang eines Modells aussieht und wie man Kleidungsstücke direkt in Form strickt.

Und nun noch ein Hinweis für Anfänger:
Durch die aktuelle Mode von schicken Pullovern und Ensembles begeistert, erwarten Anfänger häufig, in Kürze zu einem gelungenen ersten Strickmodell befähigt zu werden. Dies ist jedoch kaum realisierbar, denn gleichmäßige Maschenbildung und die Beherrschung der notwendigen Arbeitstechniken sind nun einmal nicht im Handumdrehen zu erlernen. Etwas Geduld und eine gewisse Einübungszeit sollten im Interesse eines ersten wirklich erfreulichen Resultats schon aufgebracht werden.
Am besten beginnen Anfänger ihr Strickstück mit dem Kreuzanschlag (denn dieser ist am vielseitigsten verwendbar) und üben anschließend die rechte Masche, die linke Masche, die Randmaschen und das Abketten.
Mit diesen Grundtechniken lassen sich dann schon eine Vielzahl von Mustern nacharbeiten, zum Beispiel die Bündchen- und Streifenmuster, die Würfel- und Flächenmuster.

Sind die ersten Musterproben zufriedenstellend, kann man sich an einem einfach geschnittenen Pullunder oder Pullover wagen. Überschlagen Sie deshalb zunächst einmal die folgenden Kapitel, und lesen Sie ab Seite 201 weiter. So werden Sie baldmöglichst zu Ihrem Erfolgserlebnis gelangen.

Und nun viel Spaß.

Wolle

Es gibt eine reiche Auswahl von Wollen und Garnen, wobei der Begriff Wolle vorwiegend für Strickmaterialien verwendet wird und Garne zum Häkeln oder für andere Techniken. Ein Hinweis auf eine bestimmte Materialart ist dabei nicht gegeben.

Die Bezeichnungen richten sich auf den Zweck (zum Beispiel Sportwolle, Strumpfwolle, Babywolle), auf das Ausgangsmaterial (zum Beispiel Schafwolle, Mohairwolle, Baumwolle, Seide, Synthetikwolle) oder die Struktur (zum Beispiel Bouclé, Chenille, Cablee).

Bei der Herkunft der Materialien unterscheidet man Naturfasern und Chemiefasern. Naturfasern stammen von Tieren oder Pflanzen, wie Schafwolle (Schaf), Mohair (Ziege), Angora (Kaninchen), Alpaka (Lama), Kaschmir (Ziege), Seide (Schmetterlingsraupe), Baumwolle (Baumwolle), Leinen (Flachs). Chemiefasern werden synthetisch aus pflanzlichen Stoffen, wie Holz, Stroh, Schilf und Bambus, oder fossilen Bodenstoffen, wie Öl und Kohle gewonnen. Ihre Namen sind zum Beispiel Viskose, Acetat, Polyacryl, Polyamid und Polyester.

Strickwollen werden rein oder in verschiedenen Mischungen hergestellt. Da es sehr schwer ist, sich in der Vielzahl des Sortiments zurechtzufinden, sollte man sich im Fachgeschäft beraten lassen. Entscheidend sind Verwendungszweck, Trage- und Pflegeeigenschaften, Haltbarkeit, Elastizität, Griff und das gewählte Muster.

Die angebotenen Farbpaletten und Fadenstrukturen sind vom persönlichen Geschmack und der jeweiligen Mode abhängig. Anfänger sollten möglichst glattgedrehte Wollen verwenden.

Eine Hilfe für die Käufer sind die Hinweise auf der Knäuelbanderole. Angegeben sind: der Firmenname, die Wollbezeichnung, die Art der Wolle oder die Zusammensetzung in Prozentzahlen, die Wollmenge in Gramm, die Lauflänge in Metern (bei geringer Lauflänge großer Materialverbrauch!), die Artikelnummer, die Farbnummer, die Farbpartie (immer genügend Wolle aus der gleichen Farbpartie kaufen oder zurücklegen lassen!), die Pflegehinweise (siehe rechts) und 2 Nadelstärken ✻ 3–3½. Wer locker strickt, kann die feineren Nadeln verwenden, wer fest strickt, entscheidet sich für die stärkeren Nadeln.

Auf manchen Banderolen ist außerdem angegeben, ob die Wolle für das Stricken auf der Maschine geeignet ist Neuerdings findet man auch die Maschenprobe (diese kann aber immer nur ein Anhaltspunkt oder eine Vergleichsmöglichkeit darstellen).

Pflegehinweise:

 maschinenwaschbar

 Handwäsche

 auf der Rückseite mit feuchtem Tuch bügeln

 darf nicht gebügelt werden

Ⓟ chemisch reinigen lassen

Entscheidende Voraussetzung für das Gelingen eines Strickmodells (gute Paßform und bequemer Sitz) ist die Maschenprobe in dem gewählten Muster und die Berechnung der Maschenzahl.

Aufwickeln der Wolle:

1 Strangfaden kreuzweise um die Finger legen.

3 Schlingen aufeinanderlegen und umwickeln.

2 Abgenommene Schlingen einige Male umwickeln.

4 Wolle locker über die Finger wickeln.

Wolle

9

Nadeln

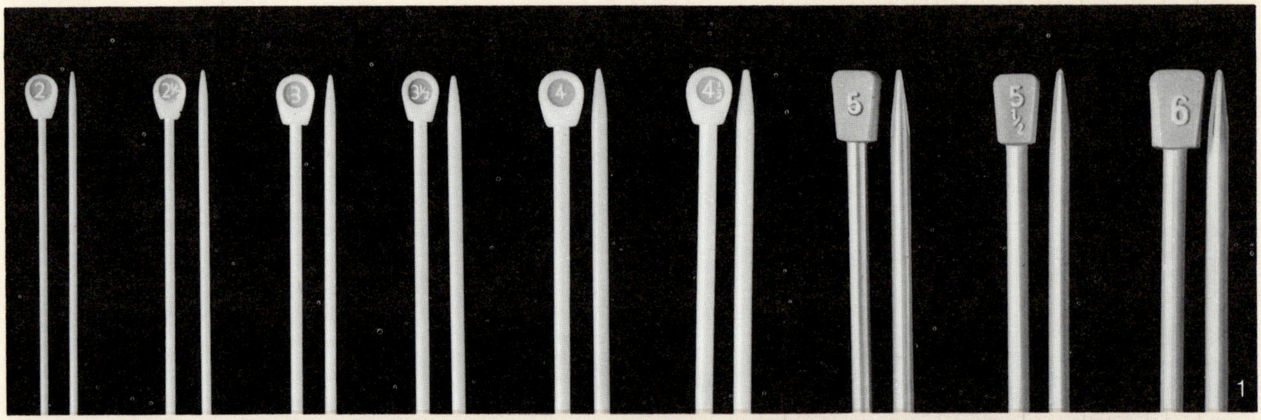

1

2
normale Nadeln
3
Schnellstricknadeln
4
Jackenstricknadeln

5
INOX Imra PERLINOX
9 8 7 6 5½ 5 4½ 4 3½ 3 2¾ 2½ 2¼ 2 1¾ 1½ 1¼
6

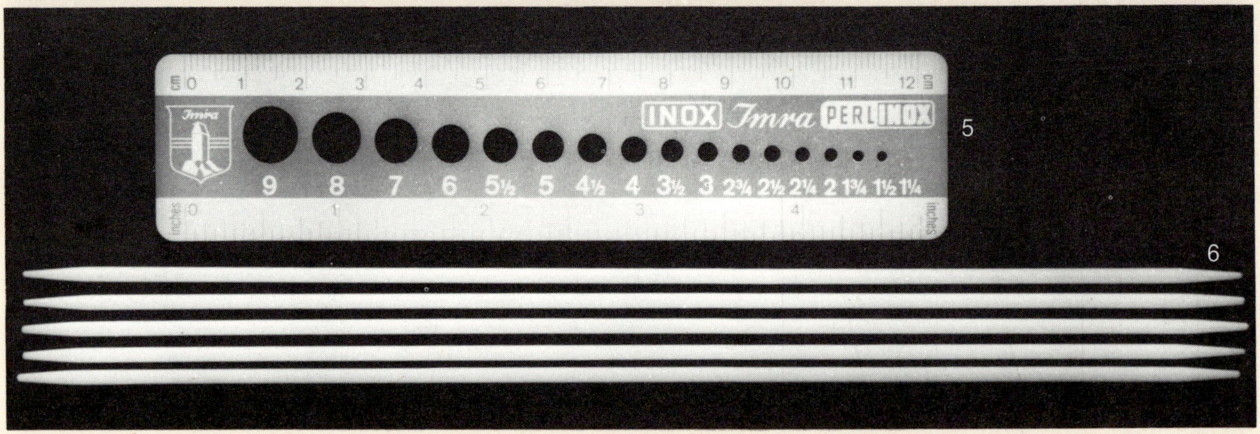

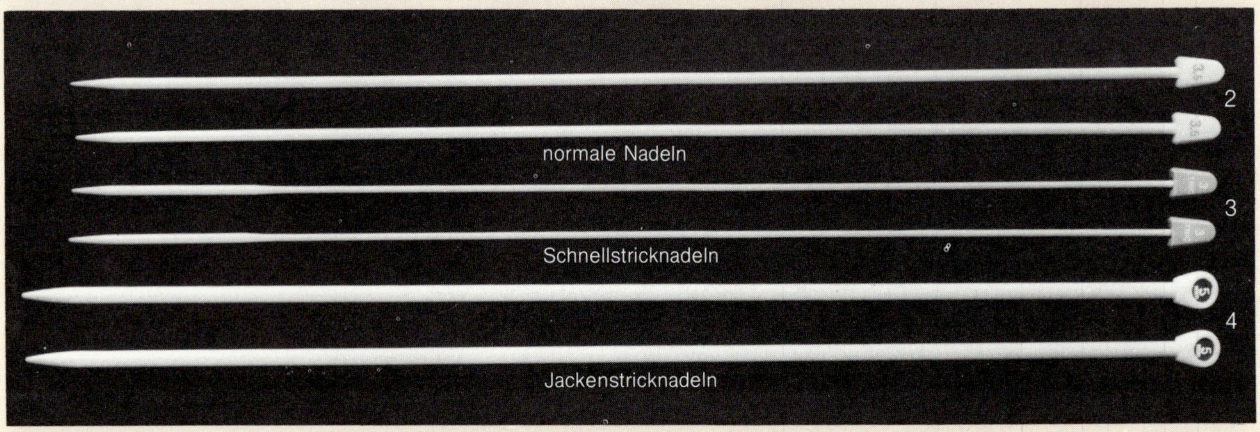

Nadeln

1 Stricknadeln sind in über 20 verschiedenen Stärken erhältlich. Die eingeprägte oder aufgedruckte Zahl gibt den Durchmesser in Millimetern an.
Die Materialien sind heute überwiegend Stahl mit Kunststoffummantelung, Aluminium, Kunststoff und gelegentlich Holz. Wichtig ist, daß die Oberfläche glatt und gleitfähig ist. Beim Schwitzen der Innenhände sollten die Nadeln weder wegrutschen noch stocken. Eine perlgraue Oberfläche hat den Vorteil, daß sie bei Licht nicht blendet.

2 Stricknadelpaar mit gleichbleibender Schaftstärke. Stärken: 2–7 mm. Längen: 30, 35, 40 cm.

3 Schnellstricknadeln mit verjüngtem Schaft. Die Maschen gleiten leichter. Da sich die Maschen dichter zusammendrängen lassen, können diese Nadeln ein Viertel kürzer sein als üblich. Stärken: 2–7 mm. Längen: 30, 35 cm.

4 Jackenstricknadeln mit gleichbleibender Schaftstärke. Stärken: 2–20 mm. Längen: 35, 40 cm.

5 Stricknadellehre zur Bestimmung der Nadelstärken bei Nadeln mit zwei Spitzen.

6 Nadelspiel, das immer aus 5 Nadeln besteht. Bei der Rundstrickerei werden die Maschen auf 4 Nadeln verteilt, mit der 5. Nadel wird gearbeitet. Stärken: 1¼–8 mm. Längen: 15, 20, 30, 40 cm.

7 Zopfmusternadeln. Ruhende Maschen können von dieser gebogenen Hilfsnadel nicht so leicht abrutschen. Stärken: 2,5 und 4 mm. Länge: 12 cm.

8 Flexible Stricknadeln mit Perlonschaft für großflächige Strickereien. Das Gewicht des Gestrickten liegt dabei auf dem Schoß. Stärken: 2–10 mm. Länge: 60 cm.

9 Rundstricknadeln für Passen, nahtlose Kleidungsstücke und große Kunststrickdecken. Stärken: 2–10 mm. Längen: 40–120 cm.

10 Strickfingerhut zur Fadenführung beim Stricken mit mehreren Farben.

11 Maschenraffer für stillzulegende Maschen.

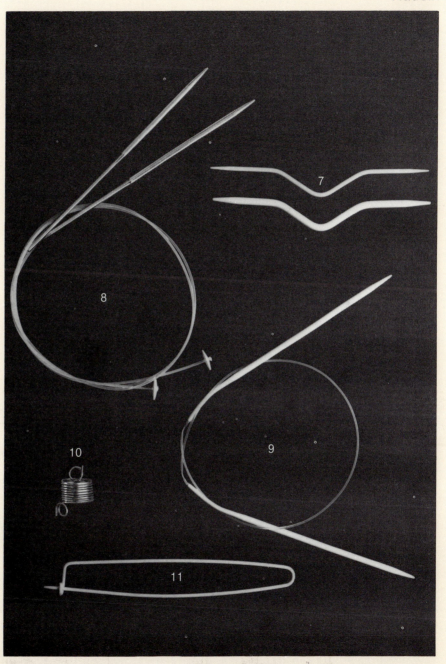

Kreuzanschlag für Rechtshänder

1 Faden vom Knäuel zwischen Klein- und Ringfinger der linken Hand einführen, über den Ringfinger nach hinten legen...

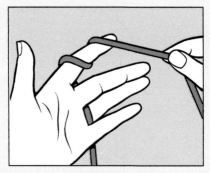

2 ... und von hinten nach vorne 2mal um den Zeigefinger wickeln.

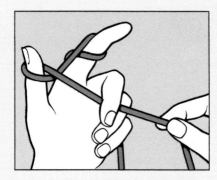

3 Faden von innen her um den Daumen herumlegen und zwischen Mittel- und Ringfinger festhalten.

4 Mit 2 Nadeln in die Daumenschlinge einstechen und mit leichter Nadeldrehung in Pfeilrichtung weiterführen.

5 Faden vom Zeigefinger holen und durch die Daumenschlinge ziehen.

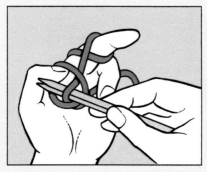

6 Daumenschlinge abrutschen lassen.

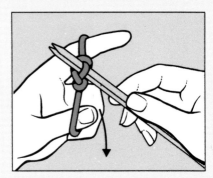

7 Mit dem Daumen den kurzen Faden aufnehmen, Daumen in Pfeilrichtung spreizen und somit die Masche zuziehen.

8 Daumen in die Ausgangsstellung bringen und die Nadeln wieder in die Kreuzschlinge stechen usw.

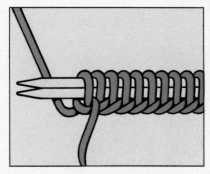

9 Alle Anschlagmaschen gleichmäßig anziehen. Über 2 Nadeln wird der Anschlag locker und läßt sich leichter abstricken.

Kreuzanschlag für Rechtshänder in Bildfolge

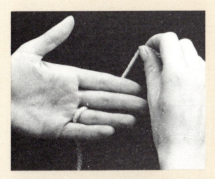

1 Faden vom Knäuel zwischen Klein- und Ringfinger der linken Hand einführen, über den Ringfinger nach hinten legen . . .

2 . . . und von hinten nach vorne 2mal um den Zeigefinger wickeln.

3 Faden von innen her um den Daumen herumlegen und zwischen Mittel- und Ringfinger festhalten.

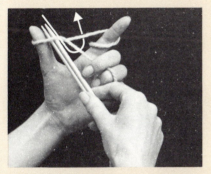

4 Mit 2 Nadeln in die Daumenschlinge einstechen und mit leichter Nadeldrehung in Pfeilrichtung weiterführen.

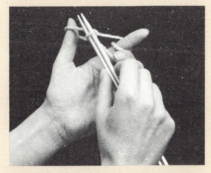

5 Faden vom Zeigefinger holen und durch die Daumenschlinge ziehen.

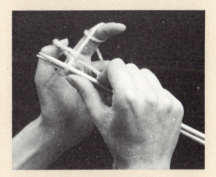

6 Daumenschlinge abrutschen lassen.

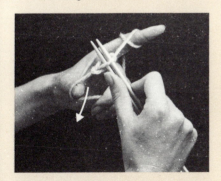

7 Mit dem Daumen den kurzen Faden aufnehmen, Daumen in Pfeilrichtung spreizen und somit die Masche zuziehen.

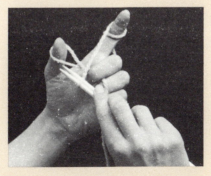

8 Daumen in die Ausgangsstellung bringen und die Nadeln wieder in die Kreuzschlinge stechen usw.

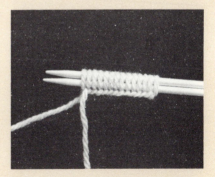

9 Alle Anschlagmaschen gleichmäßig anziehen. Über 2 Nadeln wird der Anschlag locker und läßt sich leichter abstricken.

Kreuzanschlag für Linkshänder

1 Faden vom Knäuel zwischen Klein- und Ringfinger der rechten Hand einführen, über den Ringfinger nach hinten legen...

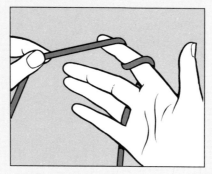

2 ...und von hinten nach vorne 2mal um den Zeigefinger wickeln.

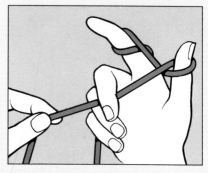

3 Faden von innen her um den Daumen herumlegen und zwischen Mittel- und Ringfinger festhalten.

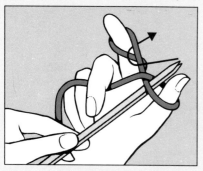

4 Mit 2 Nadeln in die Daumenschlinge einstechen und mit leichter Nadeldrehung in Pfeilrichtung weiterführen.

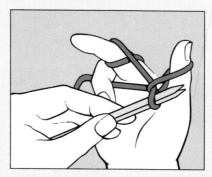

5 Faden vom Zeigefinger holen und durch die Daumenschlinge ziehen.

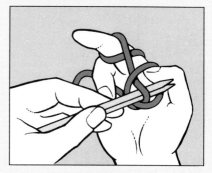

6 Daumenschlinge abrutschen lassen.

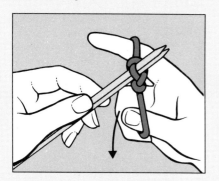

7 Mit dem Daumen den kurzen Faden aufnehmen, Daumen in Pfeilrichtung spreizen und somit die Masche zuziehen.

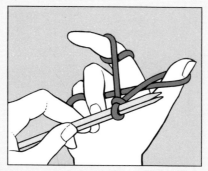

8 Daumen in die Ausgangsstellung bringen und die Nadel wieder in die Kreuzschlinge stechen usw.

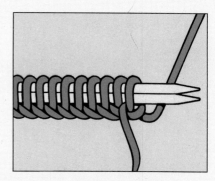

9 Alle Anschlagmaschen gleichmäßig anziehen. Über 2 Nadeln wird der Anschlag locker und läßt sich leichter abstricken.

Kreuzanschlag für Linkshänder in Bildfolge

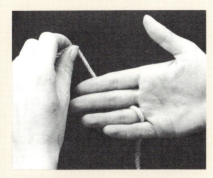

1 Faden vom Knäuel zwischen Klein- und Ringfinger der rechten Hand einführen, über den Ringfinger nach hinten legen . . .

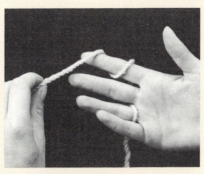

2 . . . und von hinten nach vorne 2mal um den Zeigefinger wickeln.

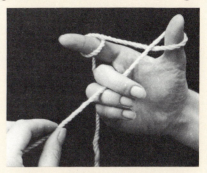

3 Faden von innen her um den Daumen herumlegen und zwischen Mittel- und Ringfinger festhalten.

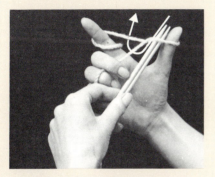

4 Mit 2 Nadeln in die Daumenschlinge einstechen und mit leichter Nadeldrehung in Pfeilrichtung weiterführen.

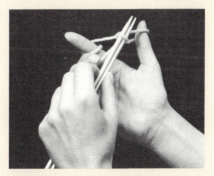

5 Faden vom Zeigefinger holen und durch die Daumenschlinge ziehen.

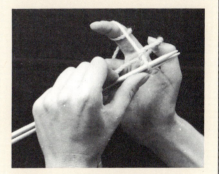

6 Daumenschlinge abrutschen lassen.

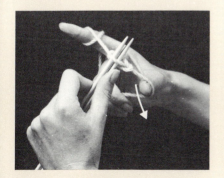

7 Mit dem Daumen den kurzen Faden aufnehmen, Daumen in Pfeilrichtung spreizen und somit die Masche zuziehen.

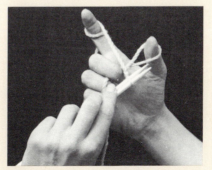

8 Daumen in die Ausgangsstellung bringen und die Nadel wieder in die Kreuzschlinge stechen usw.

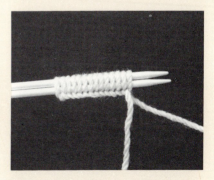

9 Alle Anschlagmaschen gleichmäßig anziehen. Über 2 Nadeln wird der Anschlag locker und läßt sich leichter abstricken.

Doppelter Kreuzanschlag für Rechtshänder

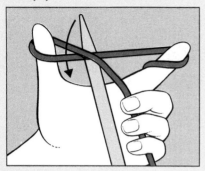

1 Für diesen Anschlag wird nur 1 Nadel benötigt. Diese unter das Fadenkreuz führen und dann von oben in die Daumenschlinge stechen (Pfeil).

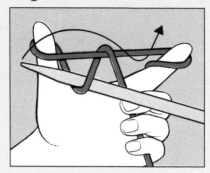

2 Die Nadel vor und über die Daumenschlinge in Pfeilrichtung drehen.

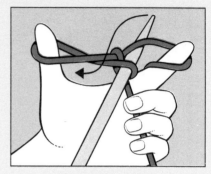

3 Den Faden vom Zeigefinger aufnehmen und die Nadel zur Daumenschlinge zurückführen.

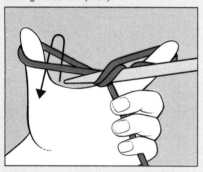

4 Von unten in die Daumenschlinge einstechen, die Nadel über den hinteren Faden nach unten führen ...

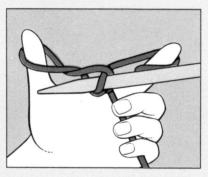

5 ... und die Nadelspitze nach vorne bewegen.

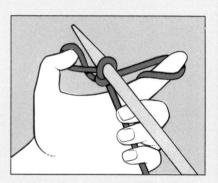

6 Jetzt die Daumenschlinge abrutschen lassen.

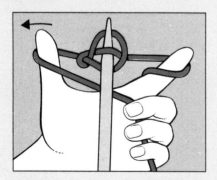

7 Mit dem Daumen den kurzen Faden aufnehmen, Daumen in Pfeilrichtung spreizen und somit die Masche zuziehen.

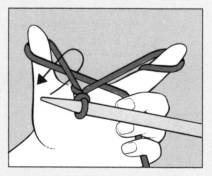

8 Die Nadel mit der 1. Masche nach vorne legen, so bildet sich die Daumenschlinge. Jetzt wieder die Nadel unter das Kreuz führen usw.

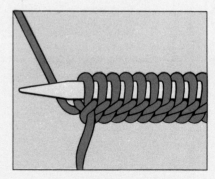

9 Alle Anschlagmaschen gleichmäßig anziehen. Dieser Anschlag ist sehr dehnbar. Schon beim Anschlagen ist die 1. rechte Maschenreihe entstanden.

Doppelter Kreuzanschlag für Rechtshänder in Bildfolge

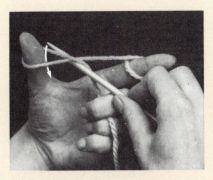

1 Für diesen Anschlag wird nur 1 Nadel benötigt. Diese unter das Fadenkreuz führen und dann von oben in die Daumenschlinge stechen (Pfeil).

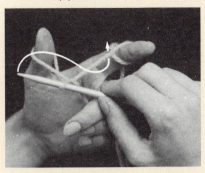

2 Die Nadel vor und über die Daumenschlinge in Pfeilrichtung drehen.

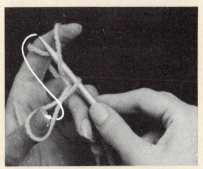

3 Den Faden vom Zeigefinger aufnehmen und die Nadel zur Daumenschlinge zurückführen.

4 Von unten in die Daumenschlinge einstechen, die Nadel über den hinteren Faden nach unten führen ...

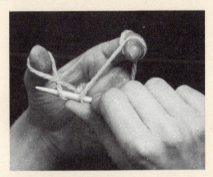

5 ... und die Nadelspitze nach vorne bewegen.

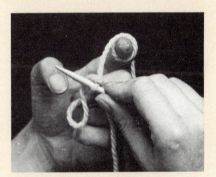

6 Jetzt die Daumenschlinge abrutschen lassen.

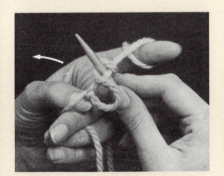

7 Mit dem Daumen den kurzen Faden aufnehmen, Daumen in Pfeilrichtung spreizen und somit die Masche zuziehen.

8 Die Nadel mit der 1. Masche nach vorne legen, so bildet sich die Daumenschlinge. Jetzt wieder die Nadel unter das Kreuz führen usw.

9 Alle Anschlagmaschen gleichmäßig anziehen. Dieser Anschlag ist sehr dehnbar. Schon beim Anschlagen ist die 1. rechte Maschenreihe entstanden.

Doppelter Kreuzanschlag für Linkshänder

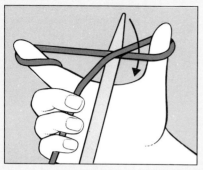 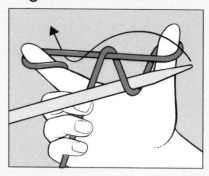 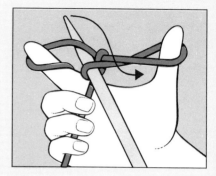

1 Für diesen Anschlag wird nur 1 Nadel benötigt. Diese unter das Fadenkreuz führen und dann von oben in die Daumenschlinge stechen (Pfeil).

2 Die Nadel vor und über die Daumenschlinge in Pfeilrichtung drehen.

3 Den Faden vom Zeigefinger aufnehmen und die Nadel zur Daumenschlinge zurückführen.

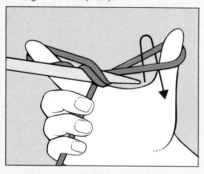 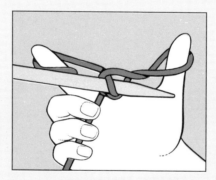 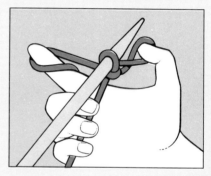

4 Von unten in die Daumenschlinge einstechen, die Nadel über den hinteren Faden nach unten führen ...

5 ... und die Nadelspitze nach vorne bewegen.

6 Jetzt die Daumenschlinge abrutschen lassen.

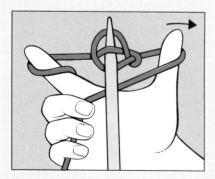 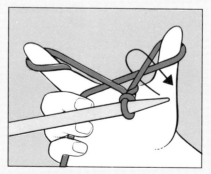 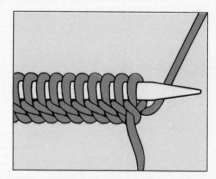

7 Mit dem Daumen den kurzen Faden aufnehmen, Daumen in Pfeilrichtung spreizen und somit die Masche zuziehen.

8 Die Nadel mit der 1. Masche nach vorne legen, so bildet sich die Daumenschlinge. Jetzt wieder die Nadel unter das Kreuz führen usw.

9 Alle Anschlagmaschen gleichmäßig anziehen. Dieser Anschlag ist sehr dehnbar. Schon beim Anschlagen ist die 1. rechte Maschenreihe entstanden.

Doppelter Kreuzanschlag für Linkshänder in Bildfolge

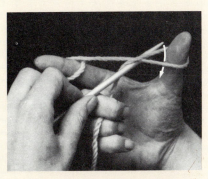

1 Für diesen Anschlag wird nur 1 Nadel benötigt. Diese unter das Fadenkreuz führen und dann von oben in die Daumenschlinge stechen (Pfeil).

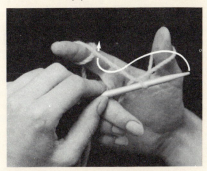

2 Die Nadel vor und über die Daumenschlinge in Pfeilrichtung drehen.

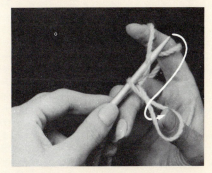

3 Den Faden vom Zeigefinger aufnehmen und die Nadel zur Daumenschlinge zurückführen.

4 Von unten in die Daumenschlinge einstechen, die Nadel über den hinteren Faden nach unten führen . . .

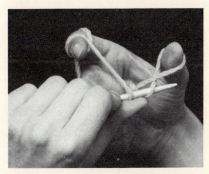

5 . . . und die Nadelspitze nach vorne bewegen.

6 Jetzt die Daumenschlinge abrutschen lassen.

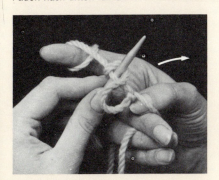

7 Mit dem Daumen den kurzen Faden aufnehmen, Daumen in Pfeilrichtung spreizen und somit die Masche zuziehen.

8 Die Nadel mit der 1. Masche nach vorne legen, so bildet sich die Daumenschlinge. Jetzt wieder die Nadel unter das Kreuz führen usw.

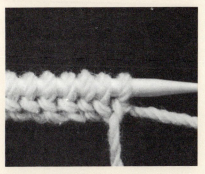

9 Alle Anschlagmaschen gleichmäßig anziehen. Dieser Anschlag ist sehr dehnbar. Schon beim Anschlagen ist die 1. rechte Maschenreihe entstanden.

Knotenschlinge für Rechtshänder

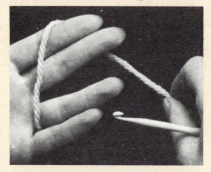  

1 Den kurzen Faden zwischen Klein- und Ringfinger der linken Hand einführen und über den Zeigefinger nach hinten legen.

2 Den Faden zwischen Mittel- und Ringfinger wieder nach vorne bringen und über dem Zeigefinger kreuzen.

3 Den Kreuzpunkt festhalten und den Mittelfinger aus der Schlinge nehmen, so daß der kurze Faden sichtbar wird.

4 Das Fadenende zwischen Mittel- und Ringfinger legen und mit der Häkelnadel unter den Querfaden fassen.

5 Den Faden als Schlinge hervorholen und den Knoten festziehen.

6 Die Knotenschlinge bildet die 1. Masche für die weiteren Anschläge.

  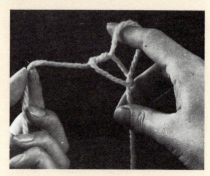

1 Die Knotenschlinge läßt sich genauso mit der Stricknadel oder dem Zeigefinger der rechten Hand bilden.

2 Den kurzen Faden, der als Querfaden unter der Schlinge liegt, aufnehmen, ...

3 ... hervorholen und den Knoten zuziehen.

Gehäkelter Anschlag für Rechtshänder

1 Den Knäuelfaden, wie beim Kreuzanschlag, 2mal um den rechten Zeigefinger wickeln. Den Knoten mit Daumen und Mittelfinger halten.

2 Mit der Häkelnadel von vorne nach hinten unter den Arbeitsfaden fassen.

3 Die Nadel leicht zum Körper drehen und mit dem Faden wieder zurückziehen.

4 Beim Durchziehen des Fadens den fadenführenden Zeigefinger etwas beugen.

5 Ist die Luftmaschenkette lang genug, wird die Häkelnadel gegen eine Stricknadel ausgetauscht.

6 Mit der Nadelspitze das obere Glied der letzten Luftmasche auffassen.

7 Die Nadel von hinten um den Faden führen, um ihn zu holen.

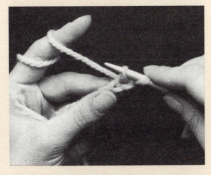

8 Den Faden als Schlinge nach vorne durchziehen usw.

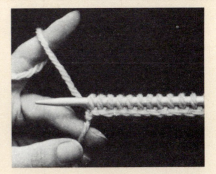

9 Dieser Anschlag läßt sich nicht dehnen. Die 1. Reihe wird rechts verschränkt gestrickt.

Gestrickter Anschlag für Rechtshänder

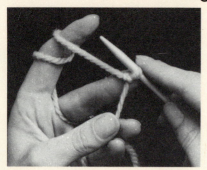

1 Die 1. Masche wird aus der Knotenschlinge gebildet.

2 Die Nadel mit der 1. Masche in die linke Hand nehmen. Mit dem Mittelfinger die Masche festhalten.

3 Mit der rechten Nadel vorne von links nach rechts in die Masche stechen.

4 Die Nadelspitze hinter dem Faden herumführen, um ihn zu holen.

5 Den Faden durchziehen, dabei den linken Zeigefinger etwas beugen.

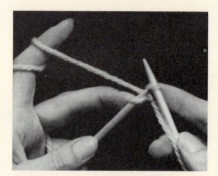

6 Die neue Masche auf die linke Nadel heben, dabei von unten in die Masche stechen.

7 In die 2. Masche von links nach rechts einstechen und aus dieser die 3. Masche herausholen usw.

8 Dekorativer wird der Anschlag, wenn zwischen den Maschen durchgestochen und hier die Schlinge geholt wird.

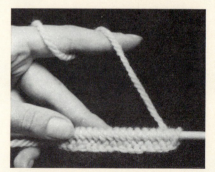

9 Dieser Anschlag ist wenig dehnbar. Die Anschlagmaschen werden von der Vorderseite des Anschlags abgestrickt.

Aufschlingen für Rechtshänder

1 Den Knäuelfaden 1mal über den linken Zeigefinger legen und die Knotenschlinge festhalten.

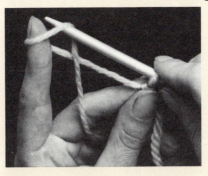

2 Die Nadelspitze vorne von links nach rechts unter dem Arbeitsfaden einführen.

3 Zeigefinger beugen und so die Schlinge abrutschen lassen.

4 Den Schlingenfaden zwischen Daumen und Zeigefinger der linken Hand nehmen...

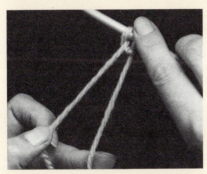

5 ...und die Schlinge zuziehen. Dabei die Knotenschlinge mit dem rechten Zeigefinger festhalten.

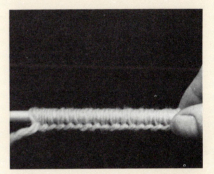

6 Nach dem gleichmäßigen Aufschlingen, die Nadel wenden und in die linke Hand nehmen.

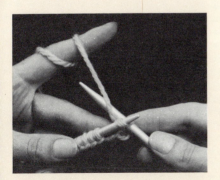

7 Mit der anderen Nadel vorne von links nach rechts in die 1. Schlinge einstechen und von hinten um den Faden führen.

8 Beim Durchziehen des Fadens den fadenführenden Zeigefinger leicht beugen.

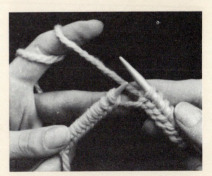

9 Um gleichmäßige Maschen zu bekommen, wird möglichst nah an den Nadelspitzen gearbeitet und die Schlinge vor dem Einstechen etwas gelockert.

Knotenschlinge für Linkshänder

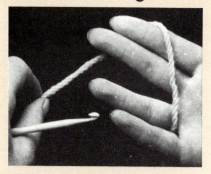  

1 Den kurzen Faden zwischen Klein- und Ringfinger der rechten Hand einführen und über den Zeigefinger nach hinten legen.

2 Den Faden zwischen Mittel- und Ringfinger wieder nach vorne bringen und über den Zeigefinger kreuzen.

3 Den Kreuzpunkt festhalten und den Mittelfinger aus der Schlinge nehmen, so daß der kurze Faden sichtbar wird.

4 Das Fadenende zwischen Mittel- und Ringfinger legen und mit der Häkelnadel unter den Querfaden fassen.

5 Den Faden als Schlinge hervorholen und den Knoten festziehen.

6 Die Knotenschlinge bildet die 1. Masche bei den folgenden Anschlägen.

 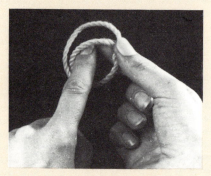 

1 Die Knotenschlinge läßt sich genauso mit der Stricknadel oder dem Zeigefinger der linken Hand bilden.

2 Den kurzen Faden, der als Querfaden unter der Schlinge liegt, aufnehmen, ...

3 ... hervorheben und den Knoten zuziehen.

Gehäkelter Anschlag für Linkshänder

1 Den Knäuelfaden wie beim Kreuzanschlag 2mal um den linken Zeigefinger wickeln. Den Knoten mit Daumen und Mittelfinger halten.

2 Mit der Häkelnadel von vorne nach hinten unter den Arbeitsfaden fassen.

3 Die Nadel leicht zum Körper drehen und mit dem Faden wieder zurückziehen.

4 Beim Durchziehen des Fadens den fadenführenden Zeigefinger etwas beugen.

5 Ist die Luftmaschenkette lang genug, wird die Häkelnadel gegen eine Stricknadel ausgetauscht.

6 Mit der Nadelspitze das obere Glied der letzten Luftmasche auffassen.

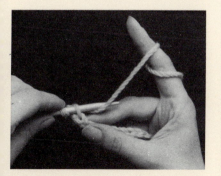

7 Die Nadel von hinten durch den Faden führen, um ihn zu holen.

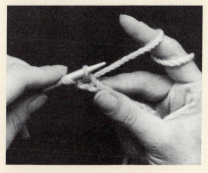

8 Den Faden als Schlinge nach vorne durchziehen usw.

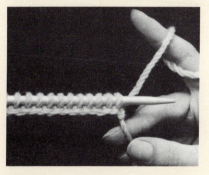

9 Dieser Anschlag läßt sich nicht dehnen. Die 1. Reihe wird rechts verschränkt gestrickt.

Gestrickter Anschlag für Linkshänder

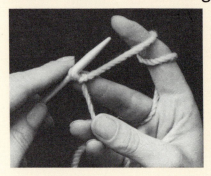

1 Die 1. Masche wird aus der Knotenschlinge gebildet.

2 Die Nadel mit der 1. Masche in die rechte Hand nehmen. Mit dem Mittelfinger die Masche festhalten.

3 Mit der linken Nadel von rechts nach links in die Masche stechen.

4 Die Nadelspitze hinter dem Faden herumführen, um ihn zu holen.

5 Den Faden durchziehen, dabei den rechten Zeigefinger etwas beugen.

6 Die neue Masche auf die rechte Nadel heben, dabei von unten in die Masche stechen.

7 In die 2. Masche von rechts nach links einstechen und aus dieser die 3. Masche herausholen usw.

8 Dekorativer wird der Anschlag, wenn zwischen den Maschen durchgestochen und hier die Schlinge geholt wird.

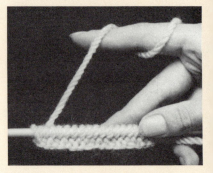

9 Dieser Anschlag ist wenig dehnbar. Die Anschlagmaschen werden von der Vorderseite des Anschlags abgestrickt.

Aufschlingen für Linkshänder

1 Den Knäuelfaden 1mal über den rechten Zeigefinger legen und die Knotenschlinge festhalten.

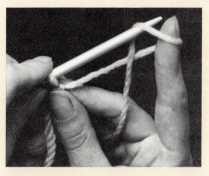

2 Die Nadelspitze vorne von rechts nach links unter dem Arbeitsfaden einführen.

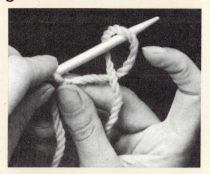

3 Zeigefinger beugen, und so die Schlinge abrutschen lassen.

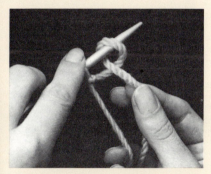

4 Den Schlingenfaden zwischen Daumen und Zeigefinger der rechten Hand nehmen...

5 ... und die Schlinge zuziehen. Dabei die Knotenschlinge mit dem linken Zeigefinger festhalten.

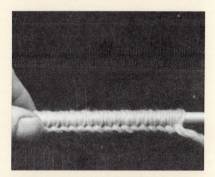

6 Nach dem gleichmäßigen Aufschlingen die Nadel wenden und in die rechte Hand nehmen.

7 Mit der anderen Nadel vorne von rechts nach links in die 1. Schlinge einstechen und von hinten um den Faden führen.

8 Beim Durchziehen des Fadens den fadenführenden Zeigefinger leicht beugen.

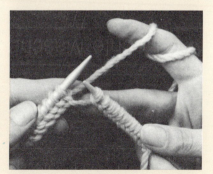

9 Um gleichmäßige Maschen zu bekommen, wird möglichst nah an den Nadelspitzen gearbeitet und die Schlinge vor dem Einstechen etwas gelockert.

Rechte Masche für Rechtshänder

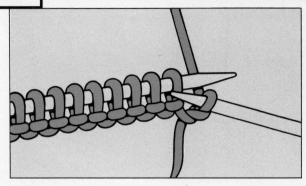

1 Die 1. Masche links abheben, das heißt mit der rechten Nadel parallel zur linken Nadel seitwärts in die Masche stechen.

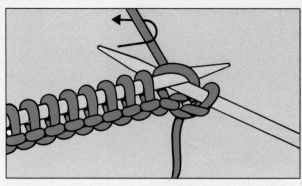

2 Vorne von links nach rechts in die 2. Masche einstechen. Dann die Nadel in Pfeilrichtung führen.

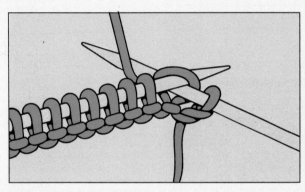

3 Den Faden um die Nadel legen ...

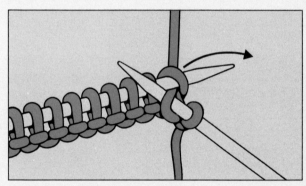

4 ... und durchziehen. Die Masche der Vorreihe danach von der linken Nadel gleiten lassen (Pfeil).

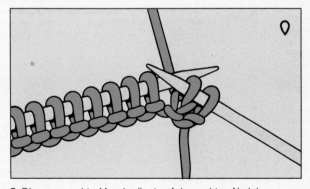

5 Die neue rechte Masche liegt auf der rechten Nadel.

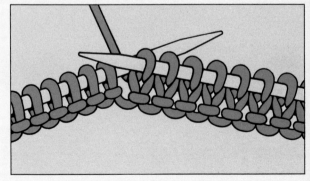

6 Die Maschen gleichmäßig stricken, indem die Arbeit nah an den Nadelspitzen erfolgt.

◊ Rechte Masche für Rechtshänder mit richtiger Handhaltung

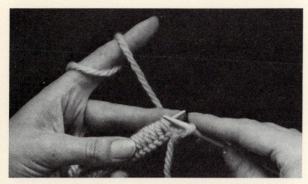

1 Die 1. Masche links abheben, das heißt mit der rechten Nadel parallel zur linken Nadel seitwärts in die Masche stechen.

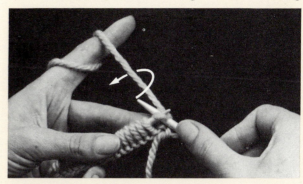

2 Vorne von links nach rechts in die 2. Masche einstechen. Dann die Nadel in Pfeilrichtung führen.

3 Den Faden um die Nadel legen ...

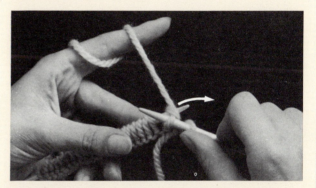

4 ... und durchziehen. Die Anschlagmasche danach von der linken Nadel gleiten lassen (Pfeil).

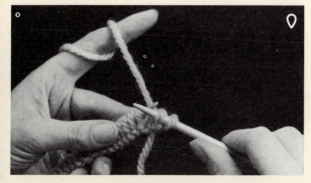

5 Die neue rechte Masche liegt auf der rechten Nadel.

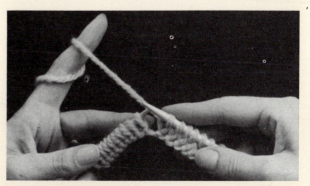

6 Die Maschen gleichmäßig stricken, indem die Arbeit an den Nadelspitzen erfolgt.

Rechte Masche für Linkshänder

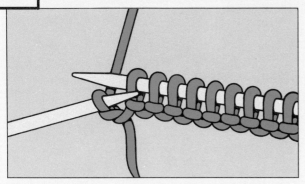

1 Die 1. Masche links abheben, das heißt mit der linken Nadel parallel zur rechten Nadel seitwärts in die Masche stechen.

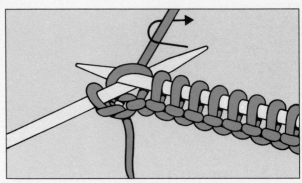

2 Vorne von rechts nach links in die 2. Masche einstechen. Dann die Nadel in Pfeilrichtung führen.

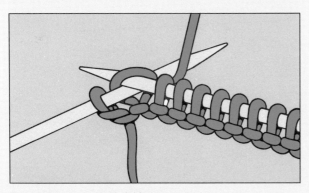

3 Den Faden um die Nadel legen ...

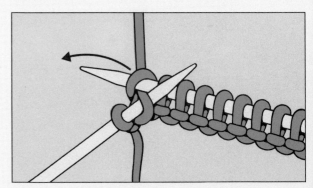

4 ... und durchziehen. Die Masche der Vorreihe danach von der rechten Nadel gleiten lassen (Pfeil).

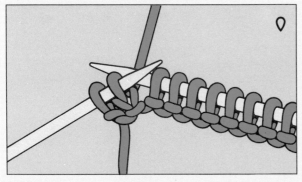

5 Die neue rechte Masche liegt auf der linken Nadel.

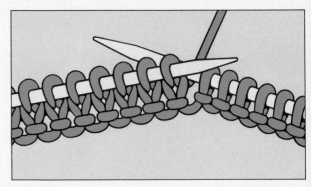

6 Die Maschen gleichmäßig stricken, indem die Arbeit nah an den Nadelspitzen erfolgt.

♀ Rechte Masche für Linkshänder mit richtiger Handhaltung

1 Die 1. Masche links abheben, das heißt mit der linken Nadel parallel zur rechten Nadel seitwärts in die Masche stechen.

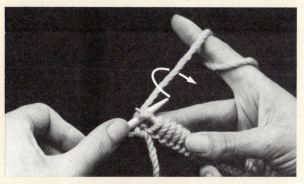

2 Vorne von rechts nach links in die 2. Masche einstechen. Dann die Nadel in Pfeilrichtung führen.

3 Den Faden um die Nadel legen …

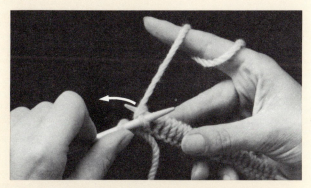

4 … und durchziehen. Die Anschlagmasche danach von der rechten Nadel gleiten lassen (Pfeil).

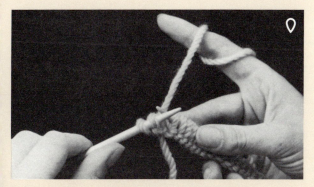

5 Die neue rechte Masche liegt auf der linken Nadel.

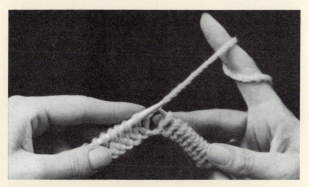

6 Die Maschen gleichmäßig stricken, indem die Arbeit nah an den Nadelspitzen erfolgt.

31

— Linke Masche für Rechtshänder

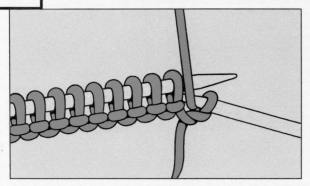

1 Die 1. Masche links abheben und den Faden vor die rechte Nadel legen.

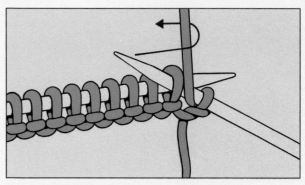

2 In die 2. Masche links einstechen. Danach die Nadel in Pfeilrichtung führen.

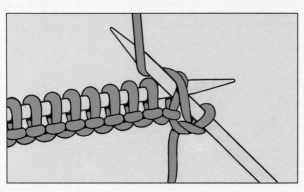

3 Den Faden um die Nadel legen ...

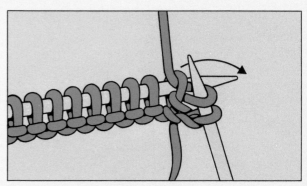

4 ... und durchziehen. Die Masche der Vorreihe danach von der linken Nadel gleiten lassen (Pfeil).

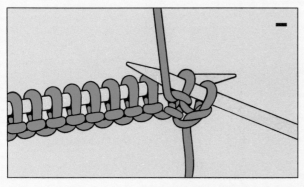

5 Die neue linke Masche liegt auf der rechten Nadel.

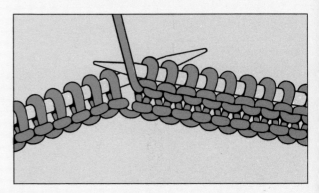

6 Die Maschen gleichmäßig stricken. Bei linken Maschenreihen eventuell mit einer dünneren Nadel arbeiten.

Linke Masche für Rechtshänder mit richtiger Handhaltung

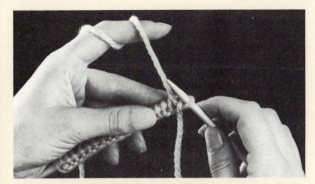

1 Die 1. Masche links abheben und den Faden vor die rechte Nadel legen.

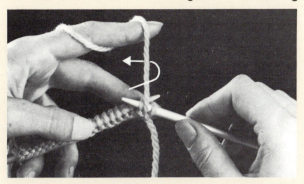

2 In die 2. Masche links einstechen. Danach die Nadel in Pfeilrichtung führen.

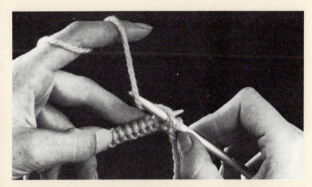

3 Den Faden um die Nadel legen ...

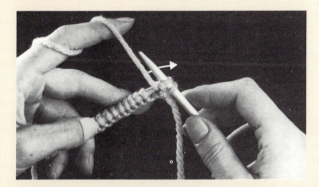

4 ... und durchziehen. Die Masche der Vorreihe danach von der linken Nadel gleiten lassen (Pfeil).

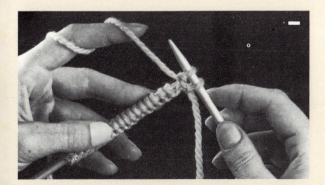

5 Die neue linke Masche liegt auf der rechten Nadel.

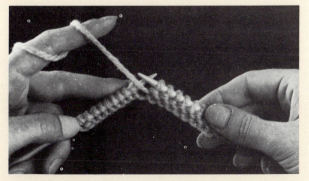

6 Die Maschen gleichmäßig stricken. Bei linken Maschenreihen eventuell mit einer dünneren Nadel arbeiten.

Linke Masche für Linkshänder

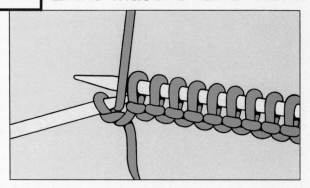

1 Die 1. Masche links abheben und den Faden vor die linke Nadel legen.

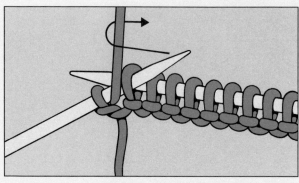

2 In die 2. Masche links einstechen. Danach die Nadel in Pfeilrichtung führen.

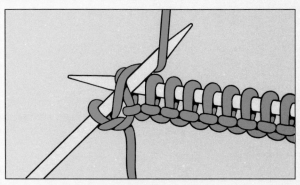

3 Den Faden um die Nadel legen ...

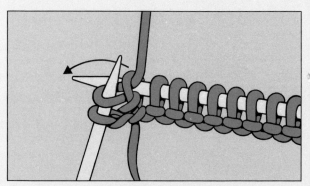

4 ... und durchziehen. Die Masche der Vorreihe danach von der rechten Nadel gleiten lassen (Pfeil).

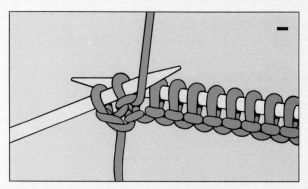

5 Die neue linke Masche liegt auf der linken Nadel.

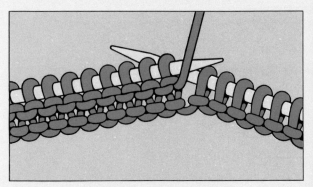

6 Die Maschen gleichmäßig stricken. Bei linken Maschenreihen eventuell mit einer dünneren Nadel arbeiten.

Linke Masche für Linkshänder mit richtiger Handhaltung

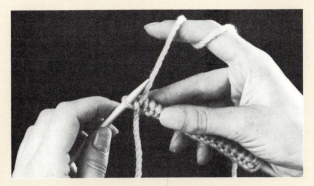

1 Die 1. Masche links abheben und den Faden vor die linke Nadel legen.

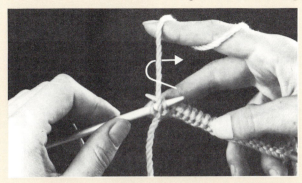

2 In die 2. Masche links einstechen. Danach die Nadel in Pfeilrichtung führen.

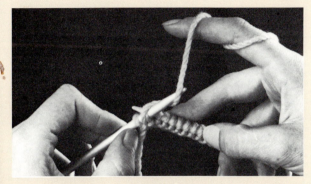

3 Den Faden um die Nadel legen...

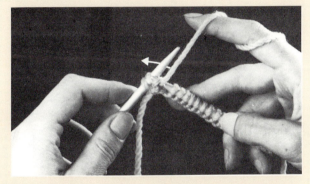

4 ...und durchziehen. Die Masche der Vorreihe danach von der rechten Nadel gleiten lassen (Pfeil).

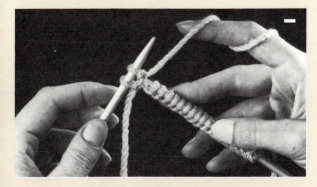

5 Die neue linke Masche liegt auf der linken Nadel.

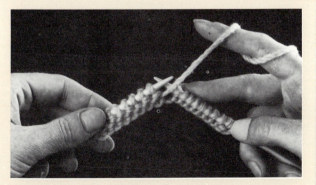

6 Die Maschen gleichmäßig stricken. Bei linken Maschenreihen eventuell mit einer dünneren Nadel arbeiten.

⋀ Rechts verschränkte Masche für Rechtshänder

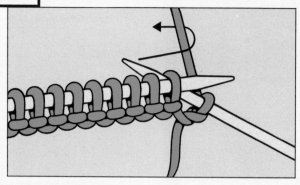 

1 Die 1. Masche links abheben. Für die rechts verschränkte Masche die rechte Nadel seitwärts nach hinten in die Masche einstechen. Dann die Nadel in Pfeilrichtung führen.

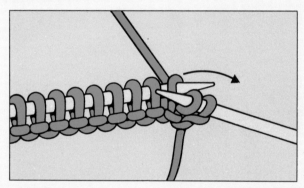 

2 Den Faden um die Nadel legen und durchziehen. Danach die Masche der Vorreihe von der linken Nadel gleiten lassen (Pfeil).

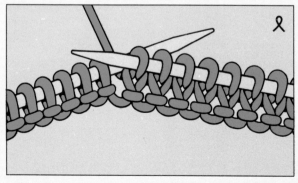 

3 Die neuen rechts verschränkten Maschen liegen auf der rechten Nadel. Das Maschenbild unterscheidet sich von der normalen, rechten Masche.

Links verschränkte Masche für Rechtshänder

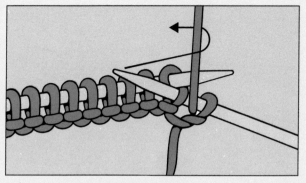 

1 Die 1. Masche abheben. Der Faden liegt vor der rechten Nadel. Für die links verschränkte Masche (Masche etwas lockern) die rechte Nadel von hinten nach vorne in die Masche einstechen.

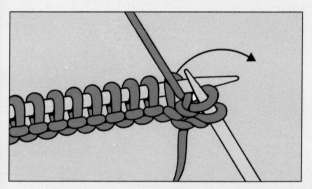 

2 Den Faden um die Nadel legen und durchziehen. Danach die Masche der Vorreihe von der linken Nadel gleiten lassen (Pfeil).

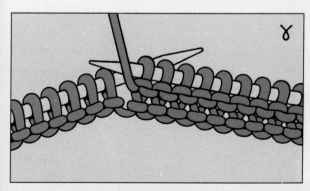 

3 Die neuen links verschränkten Maschen liegen auf der rechten Nadel. Wird die Rückreihe mit normalen linken Maschen gestrickt, heben sich die Verschränkungen der vorhergehenden rechten Maschen auf.

Rechts verschränkte Masche für Linkshänder

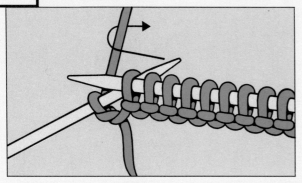 

1 Die 1. Masche links abheben. Für die rechts verschränkte Masche die linke Nadel seitwärts nach hinten in die Masche einstechen. Dann die Nadel in Pfeilrichtung führen.

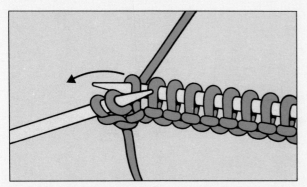 

2 Den Faden um die Nadel legen und durchziehen. Danach die Masche der Vorreihe von der rechten Nadel gleiten lassen (Pfeil).

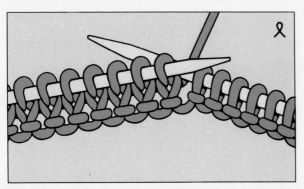 

3 Die neuen rechts verschränkten Maschen liegen auf der linken Nadel. Das Maschenbild unterscheidet sich von der normalen rechten Masche.

Links verschränkte Masche für Linkshänder

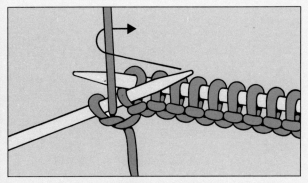 

1 Die 1. Masche links abheben. Der Faden liegt vor der linken Nadel. Für die links verschränkte Masche (Masche etwas lockern) die linke Nadel von hinten nach vorne in die Masche einstechen.

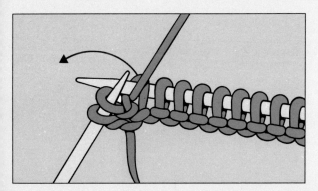 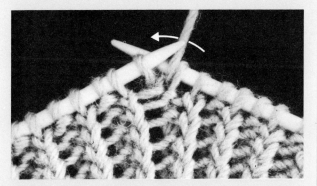

2 Den Faden um die Nadel legen und durchziehen. Danach die Masche der Vorreihe von der rechten Nadel gleiten lassen (Pfeil).

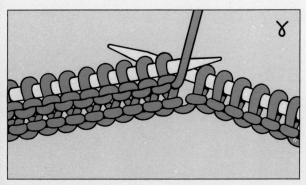 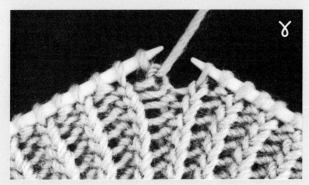

3 Die neuen links verschränkten Maschen liegen auf der linken Nadel. Wird die Rückreihe mit normalen linken Maschen gestrickt, heben sich die Verschränkungen der vorhergehenden rechten Maschen auf.

Randmaschen für Rechtshänder

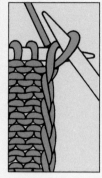

1 Bei glattem Muster: Vor der letzten Masche den Faden vor die rechte Nadel legen und die Masche links abheben.

2 Die Strickerei wenden und die abgehobene Masche rechts verschränkt stricken.

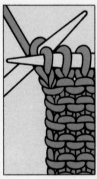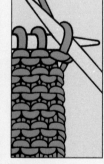

1 Bei krausem Muster: Die letzte Masche rechts verschränkt stricken.

2 Die Strickerei wenden. Den Faden nach hinten legen, die Randmasche fest anziehen und dann links abheben.

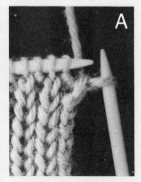

1 Bei geripptem Muster: Die letzte Masche rechts stricken. Die Strickerei wenden.

2 Die Randmasche abheben und den Faden nach hinten legen.

3 Die abgehobene Masche wieder auf die linke Nadel heben und rechts verschränkt stricken.

Randmaschen für Linkshänder

1 Bei glattem Muster: Vor der letzten Masche den Faden vor die linke Nadel legen und die Masche links abheben.

2 Die Strickerei wenden und die abgehobene Masche rechts verschränkt stricken.

1 Bei krausem Muster: Die letzte Masche rechts verschränkt stricken.

2 Die Strickerei wenden. Den Faden nach hinten legen, die Randmasche fest anziehen und dann links abheben.

1 Bei geripptem Muster: Die letzte Masche rechts stricken. Die Strickerei wenden.

2 Die Randmasche abheben und den Faden nach hinten legen.

3 Die abgehobene Masche wieder auf die rechte Nadel heben und rechts verschränkt stricken.

41

Abketten für Rechtshänder

1 Je 2 Maschen rechts verschränkt zusammenstricken.

2 Die neue Masche auf die linke Nadel geben und mit der nächsten zusammenstricken. Dieser Abschluß ist dehnbar.

1 Zu Beginn 2 Maschen rechts stricken und die 1. Masche über die 2. ziehen.

2 Dann wieder 1 Masche stricken und die vorherige überziehen. Dieser Abschluß ist wenig dehnbar.

1 Mit einer Häkelnadel seitwärts durch 2 Maschen stechen, den Faden holen und durchziehen.

2 Diese Masche auf die Stricknadel geben und mit der nächsten zusammenhäkeln. Mit einer stärkeren Häkelnadel wird dieser Abschluß dehnbarer.

Abnähen für Rechtshänder

Das Vernähen erfolgt mit dem Ende des Strickfadens: Dieser muß 3mal so lang wie der Abschluß sein. Endfaden seitwärts vernähen.

1 In der 1. Masche links einstechen, den Faden durchziehen und die Masche von der Nadel gleiten lassen.

2 Die folgende linke Masche übergehen und in die nächste rechte Masche links einstechen. Den Faden durchziehen.

3 Dann in die linke Masche rechts einstechen, den Faden durchziehen und die Maschen von der Nadel gleiten lassen.

4 In die nächste linke Masche rechts einstechen, ...

5 ... den Faden durchziehen und die Masche abgleiten lassen.

6 Dann die vorhergehende rechte Masche wieder auffassen ...

7 ... und gleich in die nächste rechte Masche links einstechen.

8 Den Faden durchziehen, die Masche abgleiten lassen und den Vorgang ab Bild 4 wiederholen.

9 Der abgenähte Rand eignet sich für Taschen oder Kragen im Bündchenmuster.

Abketten für Linkshänder

1 Je 2 Maschen rechts verschränkt zusammenstricken.

2 Die neue Masche auf die rechte Nadel geben und mit der nächsten zusammenstricken. Dieser Abschluß ist dehnbar.

1 Zu Beginn 2 Maschen rechts stricken und die 1. Masche über die 2. ziehen.

2 Dann wieder 1 Masche stricken und die vorherige überziehen. Dieser Abschluß ist wenig dehnbar.

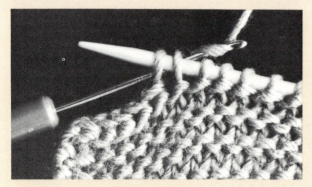

1 Mit einer Häkelnadel seitwärts durch 2 Maschen stechen, den Faden holen und durchziehen.

2 Diese Masche auf die Stricknadel geben und mit der nächsten zusammenhäkeln. Mit einer stärkeren Häkelnadel wird dieser Abschluß dehnbarer.

Abnähen für Linkshänder

Das Vernähen erfolgt mit dem Ende des Strickfadens: Dieser muß 3mal so lang wie der Abschluß sein. Endfaden seitwärts vernähen.

1 In der 1. Masche links einstechen, den Faden durchziehen und die Masche von der Nadel gleiten lassen.

2 Die folgende linke Masche übergehen und in die nächste rechte Masche links einstechen. Den Faden durchziehen.

3 Dann in die linke Masche rechts einstechen, den Faden durchziehen und die Maschen von der Nadel gleiten lassen.

4 In die nächste linke Masche rechts einstechen, ...

5 ... den Faden durchziehen und die Masche abgleiten lassen.

6 Dann die vorhergehende rechte Masche wieder auffassen ...

7 ... und gleich in die nächste rechte Masche links einstechen.

8 Den Faden durchziehen, die Masche abgleiten lassen und den Vorgang ab Bild 4 wiederholen.

9 Der abgenähte Rand eignet sich für Taschen oder Kragen im Bündchenmuster.

Symbolschrift

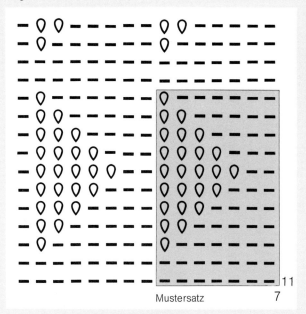

Mustersatz 7 11

Vorderseite

Rückseite

Mit den Maschensymbolen lassen sich die vielfältigen Strickmuster einfach und klar verständlich darstellen. Die Symbolschrift zeigt die Vorderseite, also das Erscheinungsbild des Musters. Beim Ablesen und Nachstricken muß daher immer beachtet werden, daß in jeder Rückreihe (2., 4., 6. Reihe usw.) so gestrickt wird, daß auf der Vorderseite die gezeichnete Masche entsteht.

Eine rechte Masche auf der Vorderseite muß also auf der Rückseite links gestrickt werden und eine linke Masche rechts (siehe Fotos).

Strickmuster setzen sich aus Maschengruppen zusammen, die sich in regelmäßigen Abständen wiederholen. Die jeweils benötigten Maschen (waagrecht) und Reihen (senkrecht) nennt man den *Mustersatz* oder auch *Rapport*. Der Mustersatz wird in der Symbolschrift durch einen Farbraster gekennzeichnet. Die bei dem Mustersatz stehenden Zahlen geben die Maschenanzahl (unten) und Reihenanzahl (rechts) an.

Das können sehr wenige Maschen und Reihen sein, beispielsweise 1 Masche rechts, 1 Masche links, 1 Reihe hoch. Das können aber auch sehr viele Maschen und Reihen sein. In dem Beispiel auf dieser Seite benötigt der Mustersatz waagrecht 7 Maschen und senkrecht 11 Reihen.

Der schwarze Rahmen im Foto zeigt jeweils den Umfang der abgebildeten Symbolschrift, und nicht nur den Mustersatz.

Symbolschrift

Für Rechtshänder gilt: Die 1. Reihe wird, gleichlaufend mit dem Stricken, von rechts nach links gelesen; ebenso alle ungeraden Reihen. Alle Rückreihen (also 2., 4., 6. usw.) werden von links nach rechts gelesen.

Für Linkshänder gilt: Die 1. Reihe wird, gleichlaufend mit dem Stricken, von links nach rechts gelesen, immer beginnend an der linken Seite des Mustersatzes; ebenso die Reihen 3, 5, 7 usw. Alle Rückreihen (also 2., 4., 6. usw.) werden von rechts nach links gelesen.

Linkshänder werden allerdings nach kurzer Übung die Symbolschrift ebenfalls von rechts nach links lesen und dabei von links nach rechts stricken können. Das Muster erscheint dann aber in der Strickerei spiegelbildlich.

Anfänger sollten sich einer kleinen Hilfe bedienen: Rechts neben die Symbolschrift wird ein Spiegel senkrecht aufgestellt. In diesem kann man dann, gleichlaufend mit dem Stricken, die Symbole ablesen. Diese Methode eignet sich auch bei den Arbeitsfotos.
Eine weitere Möglichkeit ist, die Symbolschrift mit Transparentpapier abzupausen und das Blatt umzudrehen.

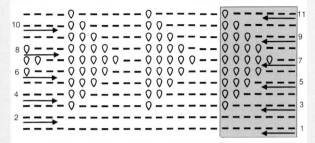

Rechtshänder

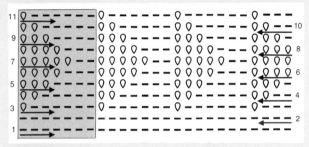

Linkshänder

Hat man erst ein bißchen Erfahrung im Nacharbeiten der Strickmuster, kann man mit den Stricksymbolen selbst Muster abändern, kombinieren oder neu entwerfen.
Auf einem karierten Papier wird mit den Symbolen das gewünschte Muster skizziert; so erhält man einen guten Eindruck von der Wirkung als Gestrick. Abänderungen und Korrekturen sind rasch gemacht. Bei allen geometrischen und figürlichen Motiven ist zu berücksichtigen, daß die gestrickten Maschen in der Regel etwas breiter als hoch sind. Dadurch wird in der Strickerei das Muster etwas gedrungener als in der Zeichnung (siehe Seite 46).
Ist der Entwurf so gelungen, wie man ihn sich vorgestellt hat, ist es freilich nötig, eine kleine Probe zu stricken. Nur so kann man ein endgültiges Urteil über das neue Muster gewinnen.

Kraus-, Rechts-, Linksgrund

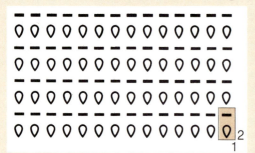

Krausgrund: In den Hin- und Rückreihen werden rechte Maschen gestrickt.
Es erscheinen Querrippen. Beide Seiten sehen gleich aus.

Rechtsgrund: Die rechten Maschen ergeben auf der Vorderseite den Rechtsgrund und zugleich auf der Rückseite den Linksgrund.

Linksgrund: Bei den linken Maschen ergibt sich das gleiche Maschenbild wie beim Rechtsgrund. Nur zeigt die Vorderseite den Linksgrund.

Rechte und linke Maschen im Wechsel, Bündchenmuster

Auf der Vorderseite zeigt das Muster 1 Masche rechts, 1 Masche links.
Auf der Rückseite liegt auf der rechten Masche eine linke Masche und auf der linken Masche eine rechte Masche.

Auf der Vorderseite zeigt das Muster 2 Maschen rechts, 2 Maschen links.
Auf der Rückseite liegen auf den rechten Maschen linke Maschen und auf den linken Maschen rechte Maschen.

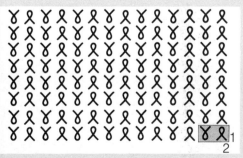

Das gleiche Bild wie oben, nur diesmal 1 Masche rechts, 1 Masche links verschränkt. Auf der Rückseite ist es umgekehrt.

49

Streifenmuster waagrecht

Vorderseite  — Rückseite

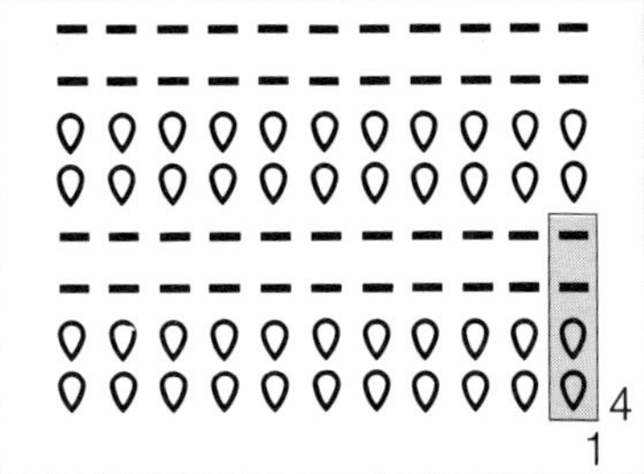

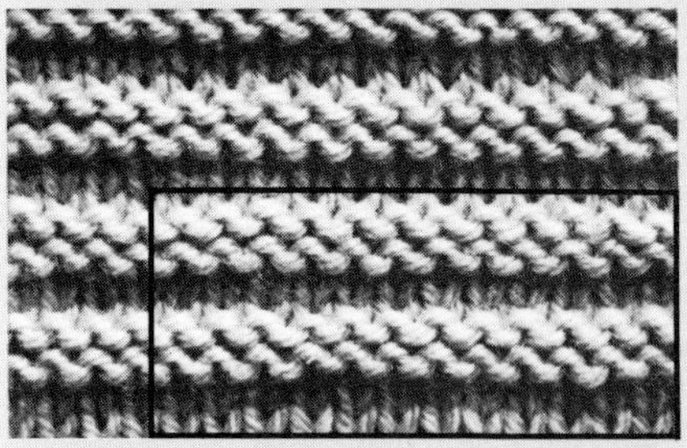

Vorderseite  — Rückseite

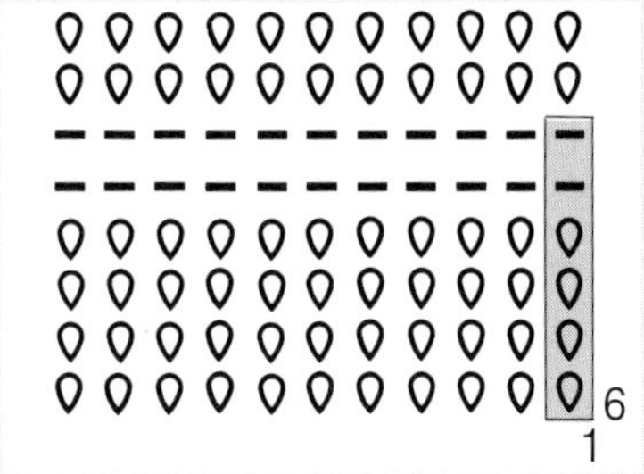

Vorderseite  — Rückseite

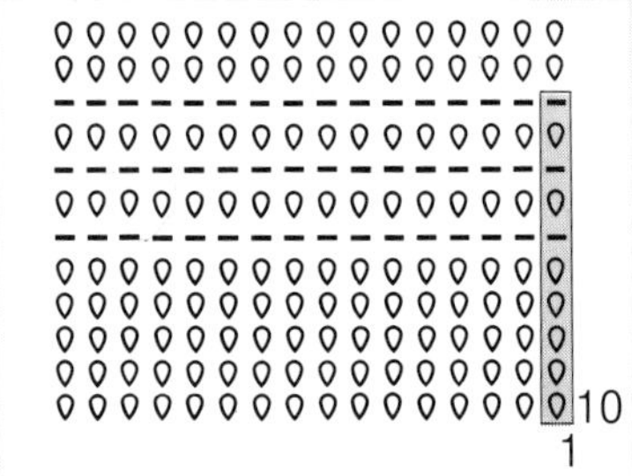

Vorderseite  — Rückseite

Streifenmuster senkrecht

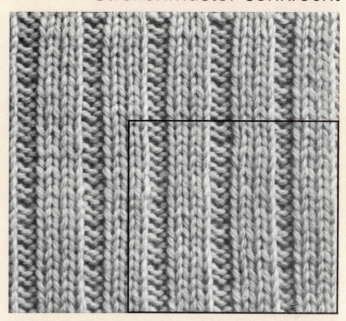

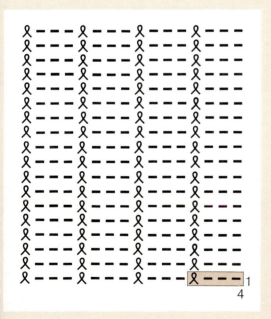

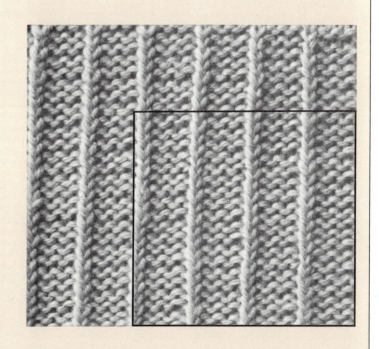

Strickmuster, die auf beiden Seiten gleich aussehen

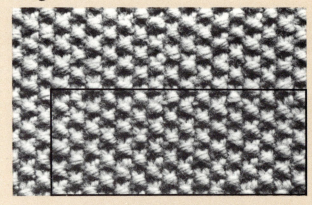

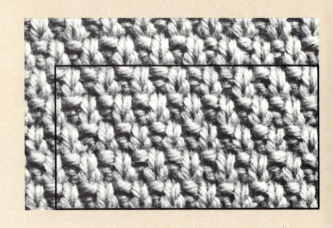

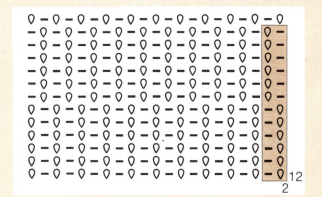
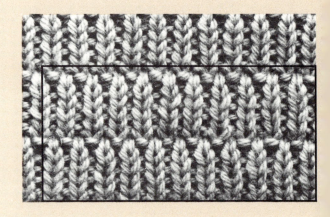

Strickmuster, die auf der Rückseite ein neues Muster zeigen

Vorderseite

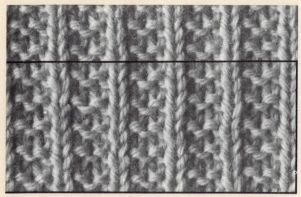
Vorderseite

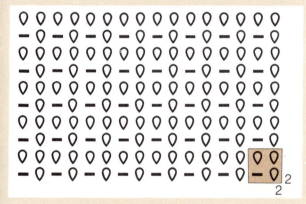

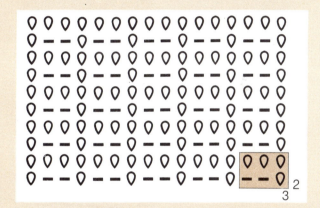

Rückseite

Rückseite

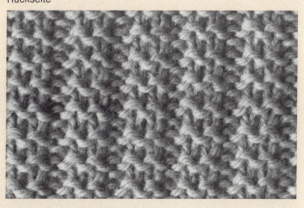

Streifenmuster gemischt

Vorderseite

Rückseite

Vorderseite

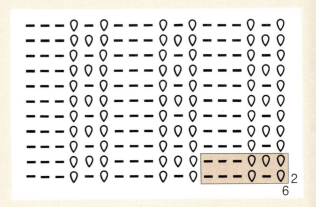

Rückseite

Streifenmuster gemischt

Vorderseite

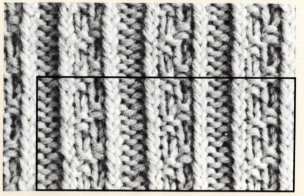

Vorderseite

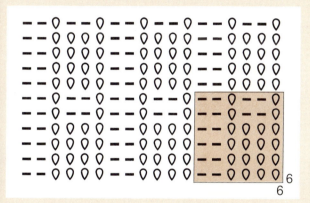

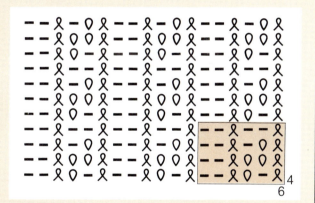

Rückseite

Rückseite

Würfelmuster

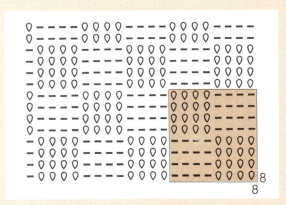
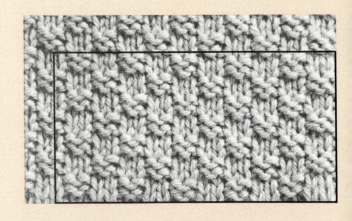

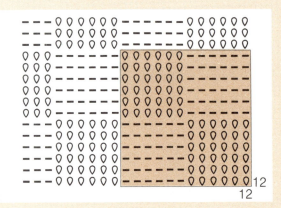
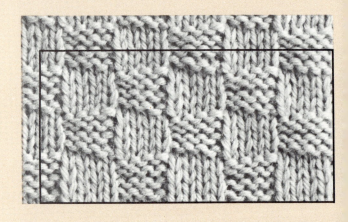

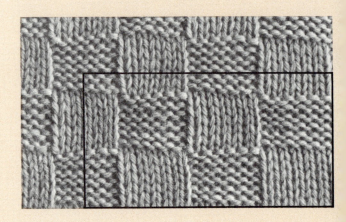

Würfelmuster

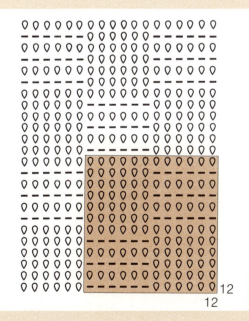

Würfelmuster

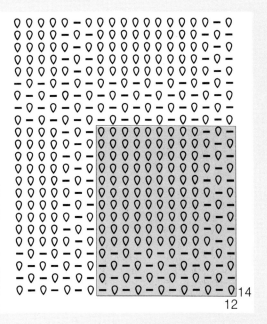

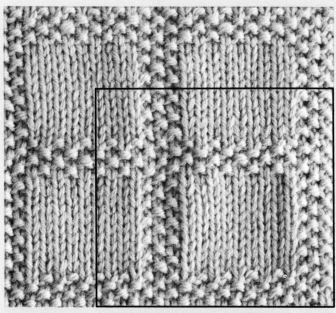

Vorderseite

Rückseite

Um eine quadratische Form zu erreichen, müssen in der Höhe immer mehr Reihen als in der Breite Maschen gestrickt werden. Hier sind für den Würfel in der Breite 9 Maschen und in der Höhe 10 Reihen gestrickt worden.

Diese Muster eignen sich für großflächige Modelle. Erst dann kommen sie richtig zur Geltung.

Grundsätzlich sollten Strickflächen und Mustergröße in einem ausgewogenen Verhältnis aufeinander abgestimmt werden.

Würfelmuster

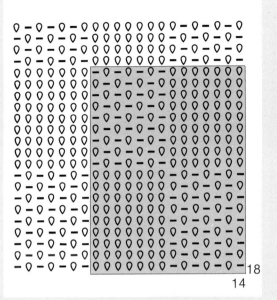
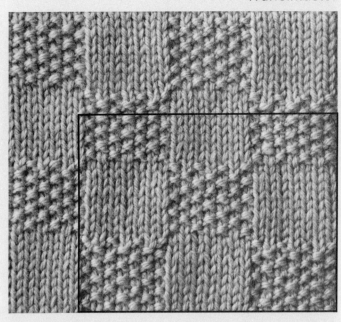

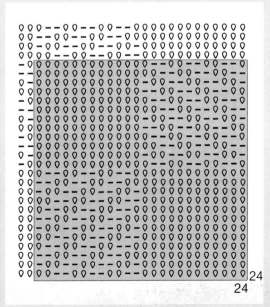
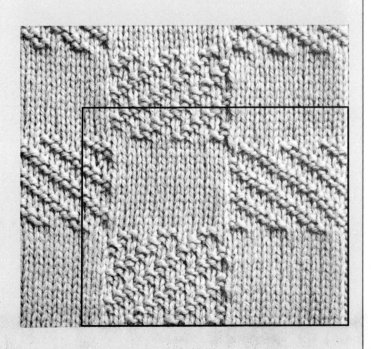

Würfelmuster

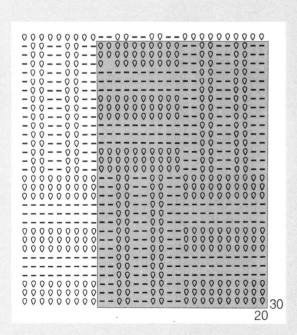

Würfelmuster

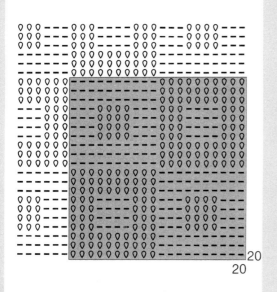
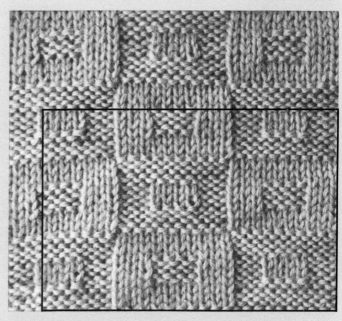

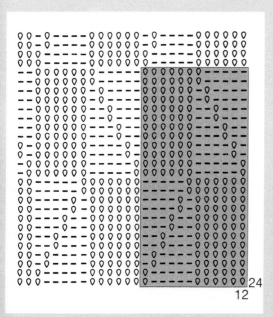
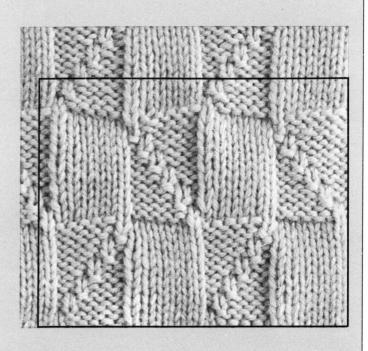

Würfelmuster

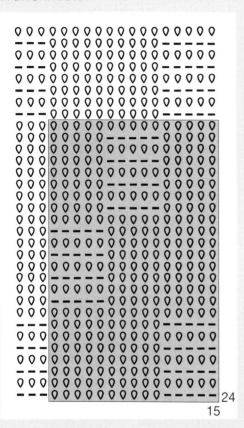

24
15

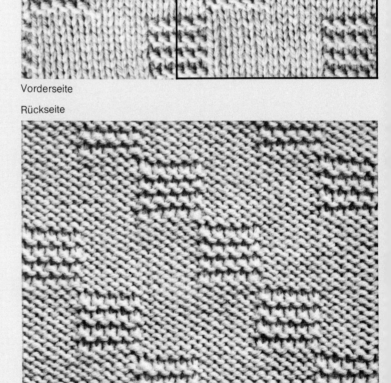

Vorderseite

Rückseite

Zum Unterschied der Krausstrickerei werden bei der Rillenstrickerei die linken Maschen immer auf der Vorderseite gestrickt.
Da dann auf der Rückseite alle Maschen links gestrickt werden können, vereinfacht sich das Stricken des Musters.

Würfelmuster

Vorderseite

Rückseite

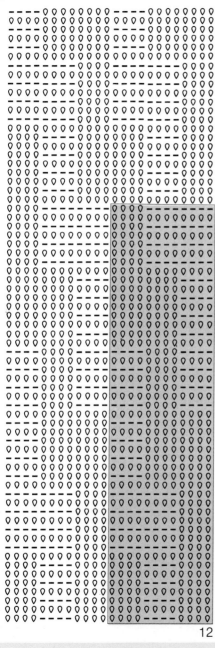

47
12

Streifenmuster diagonal

Die Rückenseiten zeigen die gleichen Muster spiegelverkehrt.

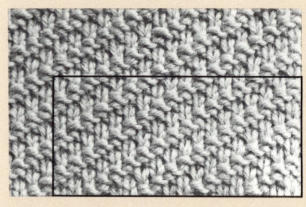
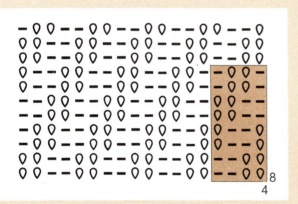
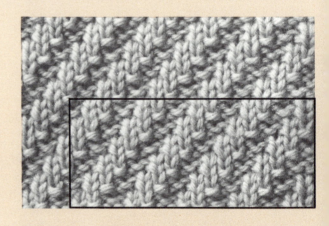
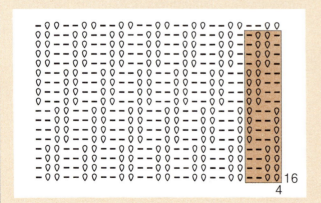

Streifenmuster diagonal

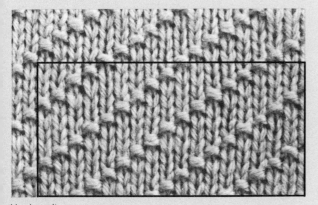

Vorderseite

Vorderseite

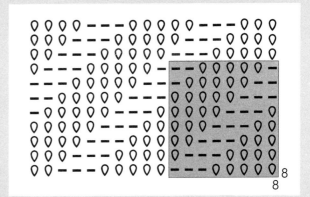

Rückseite

Rückseite

65

Streifenmuster diagonal

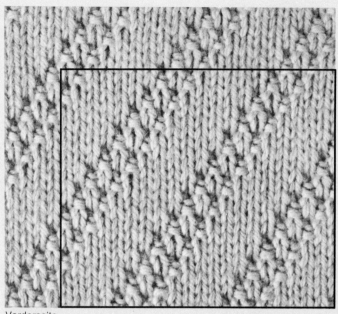

Vorderseite

Variation

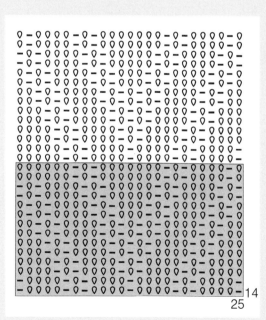

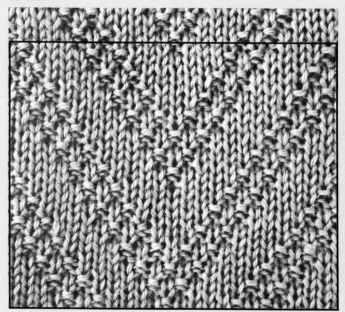

Streifenmuster diagonal

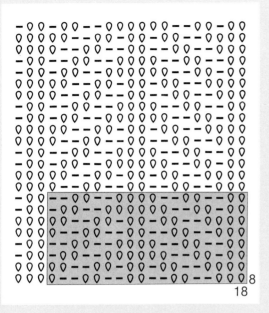

Die diagonalen Streifenmuster bieten vielfältige Variationsmöglichkeiten.

Vorderseite

Rückseite

Die Rückseite der Muster sind auch sehr wirkungsvoll.

Zackenmuster

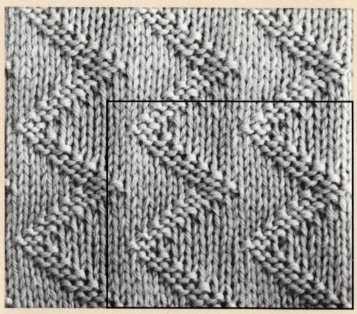

Vorderseite

Rückseite

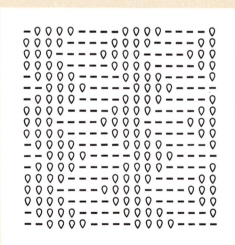

Variante

Die Zackenmuster können in Breite und Höhe leicht variiert werden.

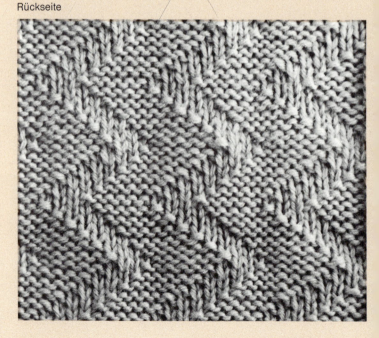

Zackenmuster

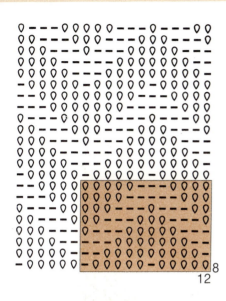

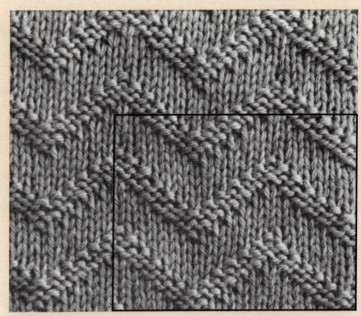

Vorderseite

Rückseite

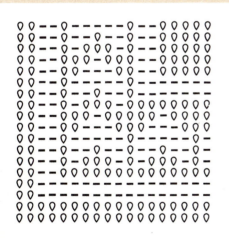

Beispiel einer Eckbildung

Zackenmuster eignen sich auch gut für Kantenabschlüsse.

Gemischte Muster

Vorderseite

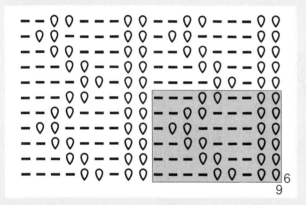

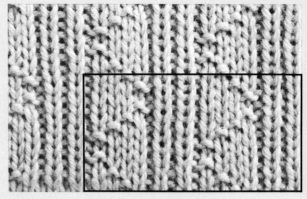

Vorderseite

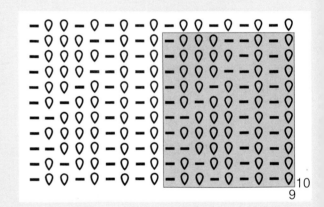

Rückseite

Rückseite

Gemischte Muster

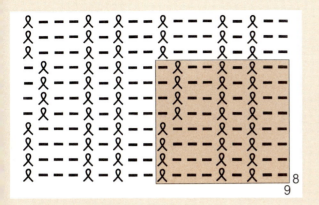
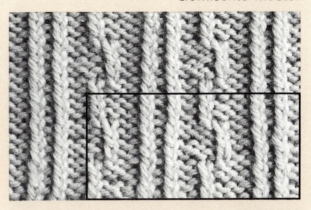

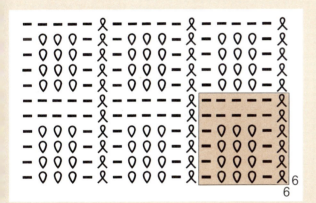

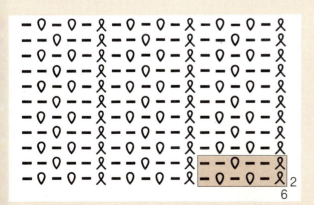
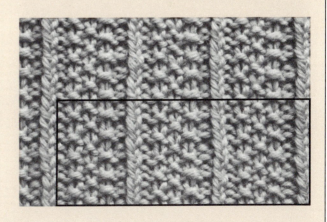

71

Gemischte Muster

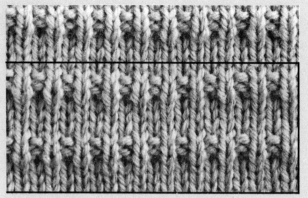

Vorderseite

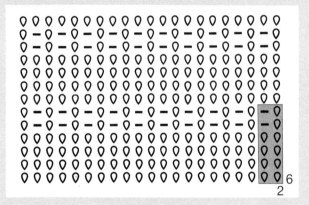

Rückseite

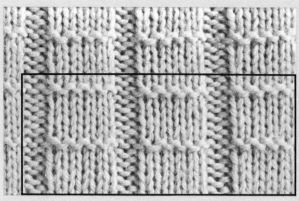

Vorderseite

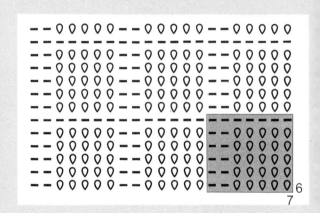

Rückseite

Gemischte Muster

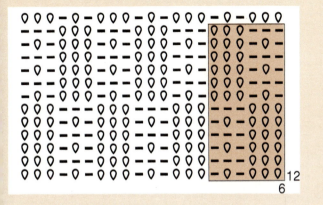

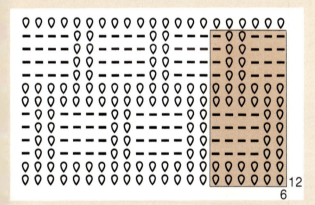

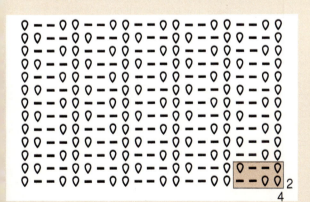

Flächenmuster

Vorderseite

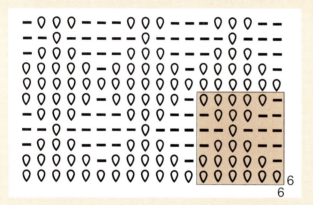

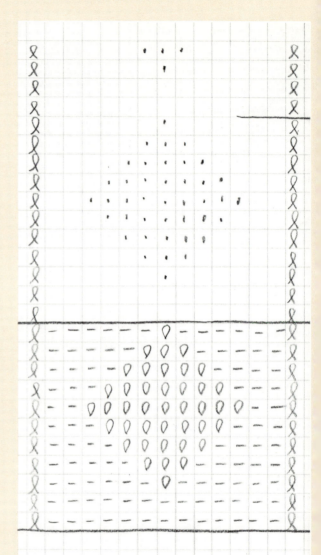

Rückseite

Bei der Vergrößerung oder Abänderung des Musters wird auf kariertem Papier das Muster vorerst mit Punkten flüchtig vorgezeichnet.
Um aber den Ausdruck des Musters zu sehen, werden die rechten und linken Maschen noch eingezeichnet.
So können die verschiedensten Muster zusammengestellt werden.

Flächenmuster

Vorderseite

Vorderseite

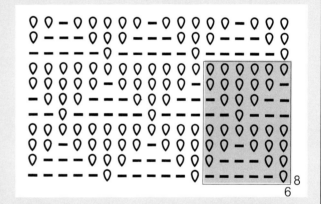

Rückseite

Rückseite

Flächenmuster

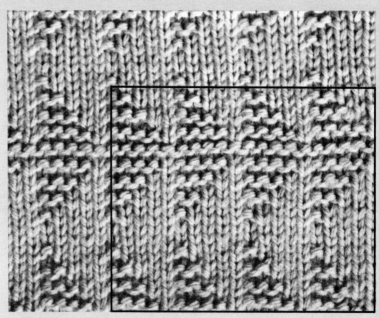

Vorderseite

Rückseite

Bei diesem Muster sind die linken Maschen auf der Vorderseite gestrickt, so kann man auf der Rückseite alle Maschen links stricken.
Diese Strickmuster eignen sich für größere Modelle, zum Beispiel Herrenpullover usw.
Für Herrenwesten die Vorderteile im Muster, das Rückenteil entweder im Rechts- oder Linksgrund stricken.
Um die Wirkung der Muster noch zu verstärken, werden die Ärmel ebenfalls im Rechts- oder Linksgrund gestrickt.

Flächenmuster

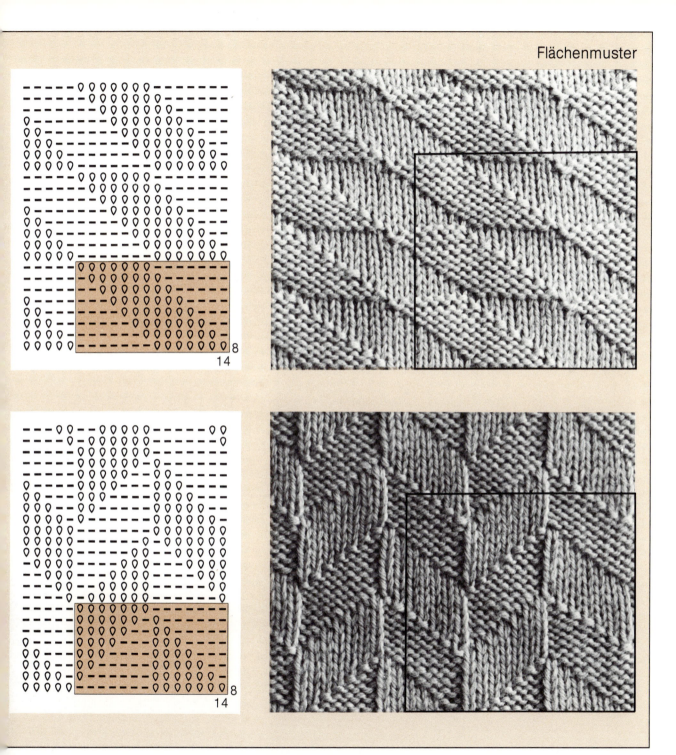

Flächenmuster

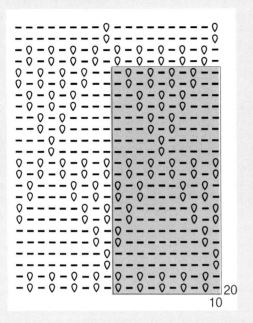

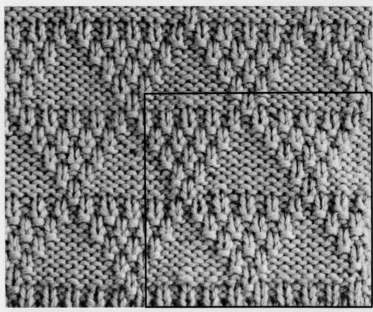

Vorderseite

Rückseite

Die Wechselwirkung des Rechts- und Linksgrundes kommt bei diesen Flächenmustern besonders klar zum Ausdruck.

Flächenmuster

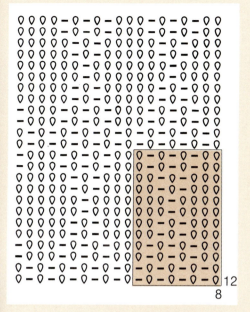

Vorderseite

Rückseite

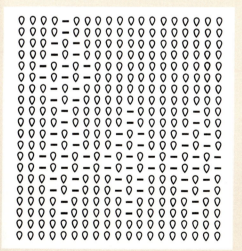

Eckbildung mit verkleinertem Muster

Als waagrechte oder senkrechte Bordüren im Rechts- oder Linksgrund geben sie den Modellen eine eigene Note.

Flächenmuster

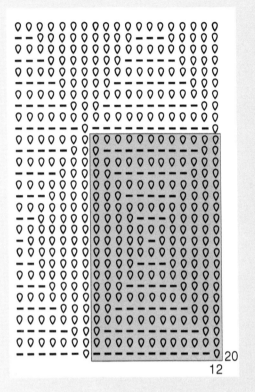

Vorderseite

Rückseite

Auch bei diesen Mustern sind die linken Maschen auf der Vorderseite gestrickt. Dadurch erleichtert sich nicht nur das Zurückstricken mit den linken Maschen, sondern man sieht auf der Vorderseite den Übergang zur nächsten Reihe im Rechtsgrund des Musters leichter.

Flächenmuster

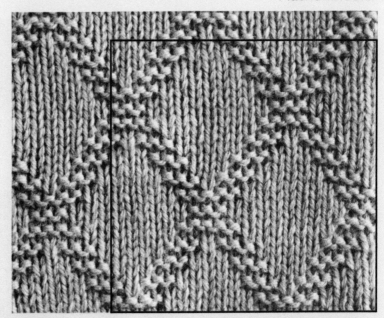

Vorderseite

Rückseite

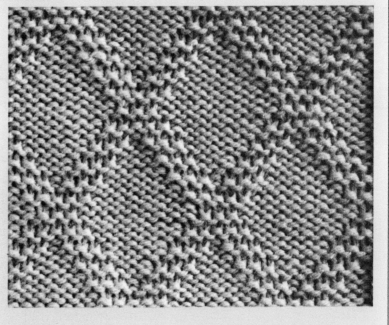

Mit den linken Maschen auf der Vorderseite kommt die Abgrenzung des Musters sehr klar zum Ausdruck.
Die Rillen zeigen sich auf beiden Seite gleich gut.
Diese Abgrenzungen sind vor allem für größere Muster gut geeignet.

Bordüren

Bordüren

Bordüren können zu verschiedenen Breiten zusammengestellt werden. Eine genaue Einteilung ist schon auf dem Modellschnitt anzuraten.

Die Eckbildung bei Bordüren im Perl- oder Rippenmuster ist recht einfach.

Gestrickt ist die waagrechte Bordüre schmaler, da die Maschen breiter als hoch sind.

Muster mit gekreuzten Maschen

1 Gekreuzte Maschen nach rechts: Seitwärts die 2. Masche etwas lockern...

2 ...rechts einstechen und die Masche stricken.

3 Dann die 1. Masche auch rechts stricken.

4 Die gekreuzten Maschen liegen auf der rechten Nadel.

5 Nun die Maschen von der linken Nadel fallen lassen.

6 Auf der Rückseite diese Maschen links stricken.

1 Gekreuzte Maschen nach links: Seitwärts in die 2. Masche einstechen.

2 Den Faden durchziehen.

3 Dann in die 1. Masche rechts einstechen...

4 ...und den Faden durchziehen.

Muster mit gekreuzten Maschen

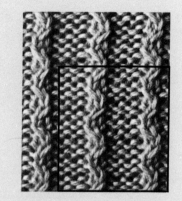
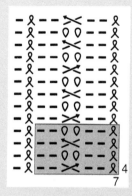

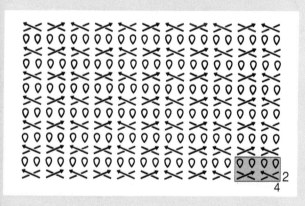

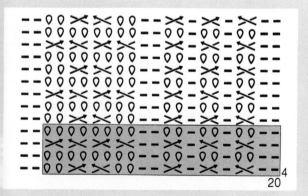

Muster mit gekreuzten Maschen

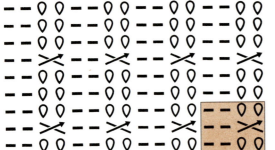

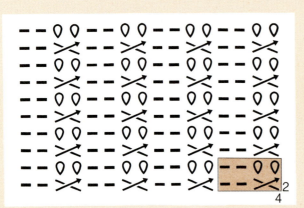

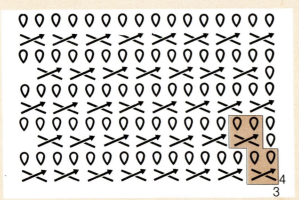
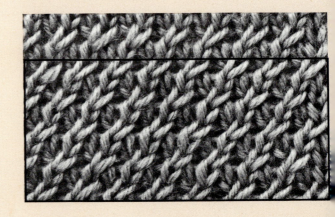

Muster mit gekreuzten Maschen

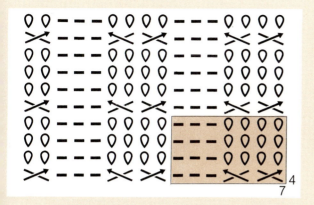

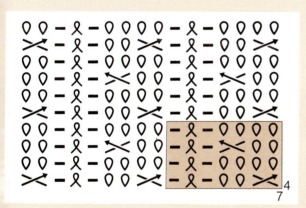

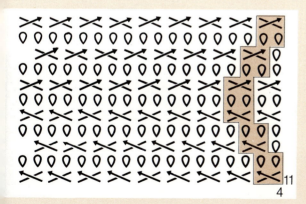

Muster mit gekreuzten Maschen

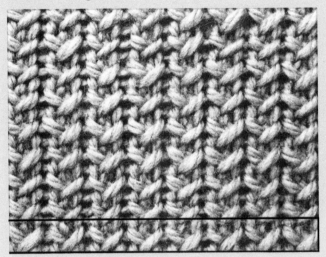

Dieses Muster wird mit 2 verschiedenen Nadelstärken gearbeitet.
Die 2. Masche lockern.

In diese Masche rechts einstechen, die Nadel vor der 1. Masche herführen, den Faden holen und durchziehen.

Diese Masche über die 1. Masche ziehen.

Dann die unten durchgezogene Masche rechts stricken.

Variation des oberen Musters mit 4 Reihen Rechtsgrund im Wechsel.

Auf der Rückseite mit der um 2 Nummern stärkeren Nadel alle Maschen links stricken.

Muster mit gekreuzten Maschen

Mit der Nadel hinter der 1. rechten Masche her zwischen den Maschen durch von vorne in die 2. rechte Masche einstechen.

Diese Masche rechts stricken.

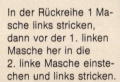

Bei diesem Muster müssen die Maschen sehr locker gestrickt werden. Am besten arbeitet man mit stärkeren Nadeln als für die Wolle angegeben.

Dann die 1. Masche rechts stricken, beide Maschen von der linken Nadel gleiten lassen.

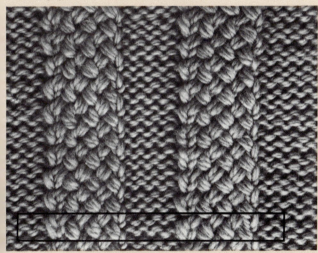

In der Rückreihe 1 Masche links stricken, dann vor der 1. linken Masche her in die 2. linke Masche einstechen und links stricken.

Danach die 1. linke Masche stricken, beide Maschen von der linken Nadel gleiten lassen.

Zopfmuster

Zweifacher Zopf aus 6 Maschen.

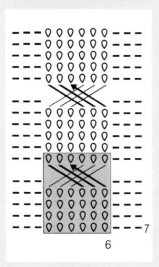

Die 6 rechten Maschen für den zweifachen Zopf liegen auf der linken Nadel.

Die ersten 3 Maschen auf die Hilfsnadel nehmen und nach vorne legen.

Dann die nächsten 3 Maschen rechts stricken.

Jetzt die Maschen von der Hilfsnadel abstricken.

Dreifacher Zopf aus 9 Maschen.

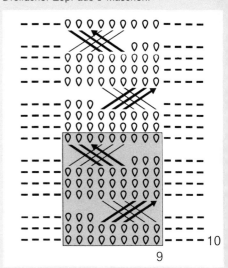

Zopfmuster

3 Maschen auf die Hilfsnadel geben, diese nach hinten legen, dann die nächsten 3 Maschen rechts stricken.

Nun die Maschen der Hilfsnadel rechts stricken und danach die letzten 3 Maschen. 3 Reihen Rechtsgrund.

3 Maschen rechts stricken, die folgenden 3 Maschen auf die Hilfsnadel geben und diese nach vorne legen. Die nächsten 3 Maschen rechts stricken.

Anschließend die Maschen der Hilfsnadel stricken.

Vierfacher Zopf aus 12 Maschen.

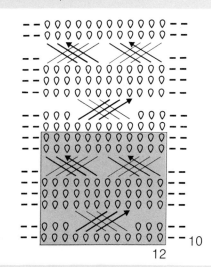

Zopfmuster

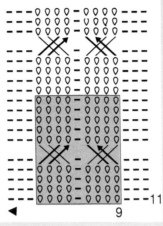

9 — 11

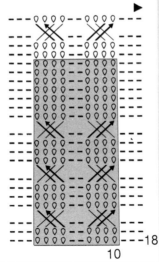

10 — 18

Zopfmuster

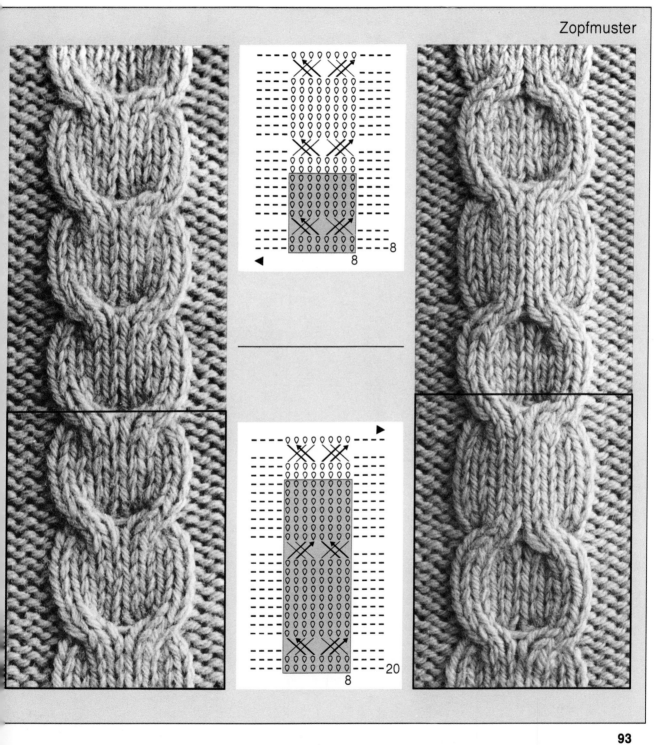

Zopfmuster

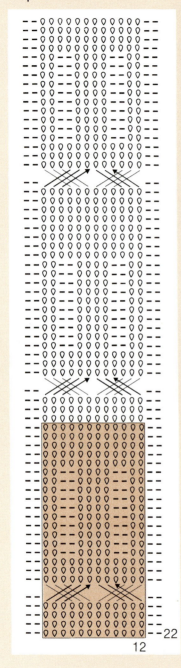

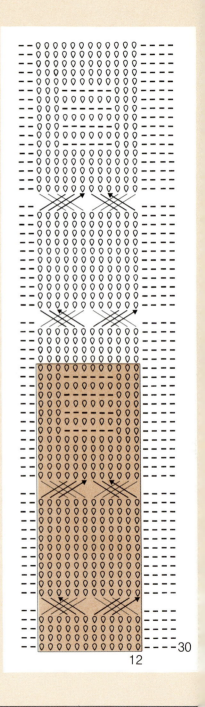

Zopfmuster

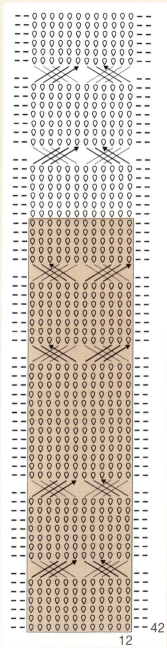
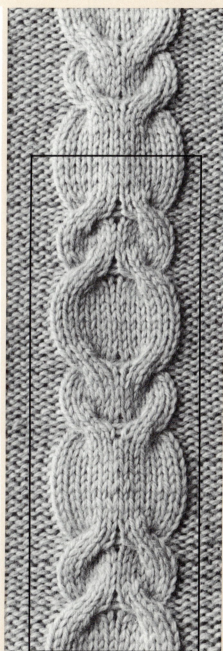

Zopfmuster

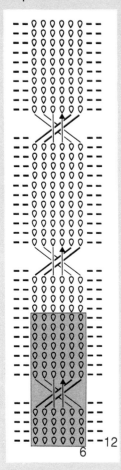

Die ersten 2 Maschen auf die 1. Hilfsnadel geben und nach hinten legen. Die folgenden 2 Maschen auf die 2. Hilfsnadel geben und nach vorne legen.

Die nächsten 2 rechten Maschen zwischen den 2 Hilfsnadeln rechts stricken.

Jetzt die Maschen der 2. Hilfsnadel rechts stricken.

Danach die Maschen der 1. Hilfsnadel rechts stricken.

Das Muster kann optisch verlängert werden, indem man die Anzahl der rechten Reihen erhöht.

Zopfmuster

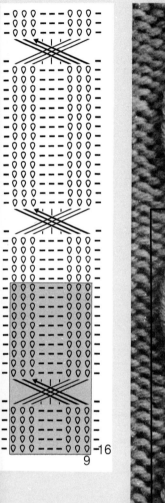

Auf die 1. Hilfsnadel 3 rechte Maschen geben, diese nach vorne legen. Auf die 2. Hilfsnadel die 3 linken Maschen geben und nach hinten legen.

Die folgenden 3 Maschen rechts stricken.

Dann die Maschen der 2. Hilfsnadel links stricken.

Jetzt die Maschen der 1. Hilfsnadel rechts stricken.

Besonders plastisch wirkt der Zopf, wenn er in einer anderen Farbe als die Grundfläche gestrickt wird.

Zopfmuster

98

Zopfmuster

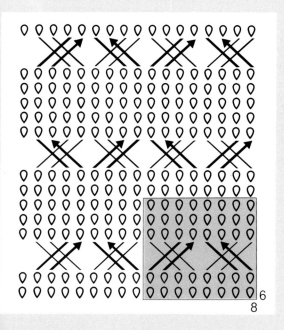
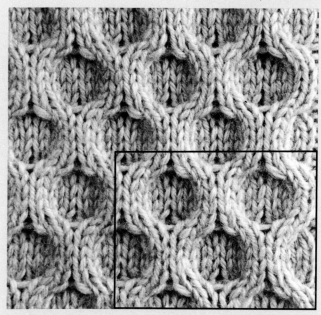

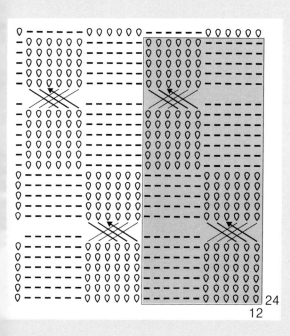
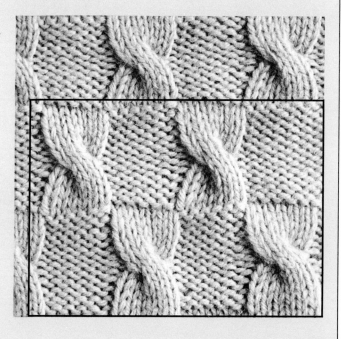

Musterkombinationen

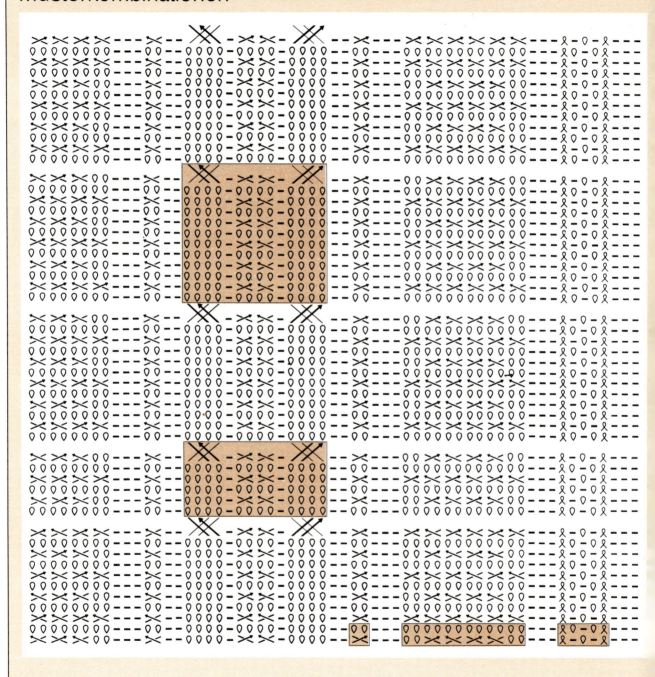

Musterkombinationen

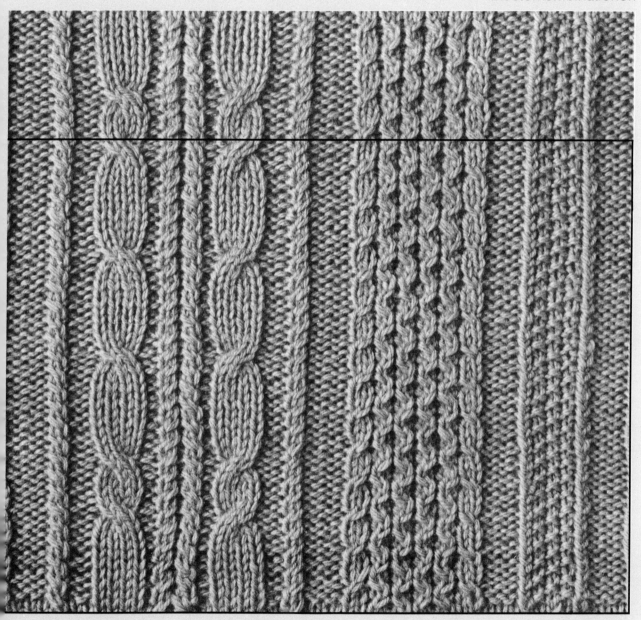

Die einzelnen Strickmuster können zu verschiedenen Mustergruppen zusammengestellt werden. Wichtig ist, daß bei allen Zopfmustern der Rechtsgrund zwischen den Kreuzungen eine ungerade Reihenzahl hat, da die 1. Reihe nach der Kreuzung eine Rückreihe ist.

Zugmaschenmuster

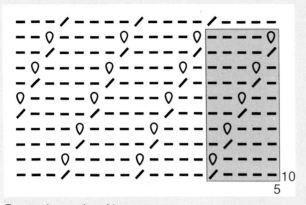

Zugmaschen nach rechts.

1 Die 2. Masche etwas lockern, dann von vorne einstechen . . .

2 . . . und die Masche vor der 1. Masche rechts stricken.

3 In die 1. Masche links einstechen, den Faden um die Nadel legen . . .

4 . . . und die Masche links abstricken.

5 Beide Maschen liegen auf der rechten Nadel.

6 Auf der Rückseite wird die Zugmasche links gestrickt (Pfeil).

Zugmaschenmuster

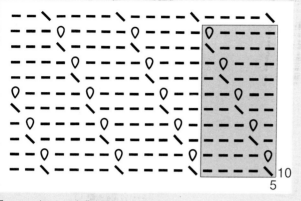

Zugmaschen nach links.

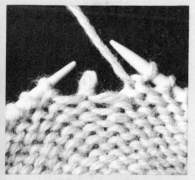

1 Die 1. Masche von der Nadel gleiten lassen.

2 Mit der rechten Nadel die 2. Masche auffassen, ohne zu ziehen.

3 Nun mit der linken Nadel vorsichtig die 1. Masche auffassen.

4 Dann die 2. Masche auch auf die linke Nadel heben.

5 Diese Masche nun links stricken . . .

6 . . . und die folgende Masche rechts stricken.

103

Zugmaschenmuster

2 Zugmaschen werden hier nach rechts gekreuzt (Technik s. S. 102). Auf der Rückseite die Maschen stricken wie sie liegen. Dies gilt für alle Zugmaschenmuster.

In der nächsten Reihe die letzte linke Masche auf eine Hilfsnadel nach hinten legen, die 1. rechte Masche rechts und dann die linke Masche links stricken.

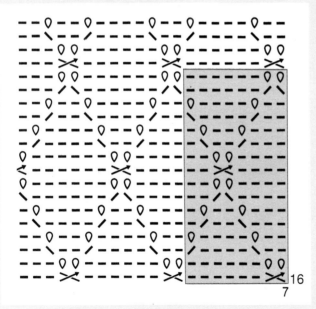

Nun die 2. rechte Masche auf der Hilfsnadel nach vorne legen. Die folgende linke Masche links und dann die rechte Masche rechts stricken.

Die fertige Kreuzung mit der nächsten Rautenspitze.

Zugmaschenmuster

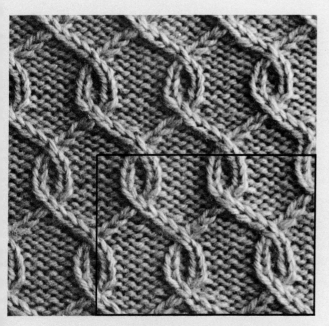

Zugmaschen nach links kreuzen (Technik s. S.103).

In der Rückreihe sofort weiterkreuzen, so daß hier die rechten Maschen nebeneinander nach innen und die linken Maschen nach außen kommen.

Ebenso in den nächsten Hin- und Rückreihen weiterkreuzen.

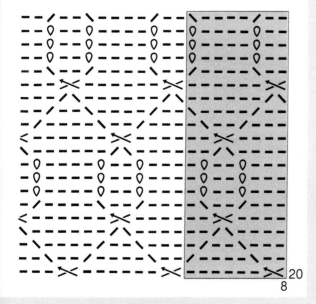

Kreuzung der Zugmaschen auf der Vorderseite. Auf der Rückseite wie oben im Foto 2 gezeigt stricken.

Die in der Symbolschrift gezeigten rechten Maschen der Vorderseite werden bis zur nächsten Kreuzung rechts gestrickt.

105

Zugmaschenmuster

Mustersatz: 18 Maschen und 32 Reihen

Zugmaschenmuster

Zugmaschenmuster

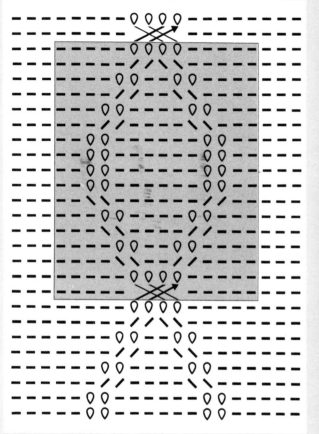
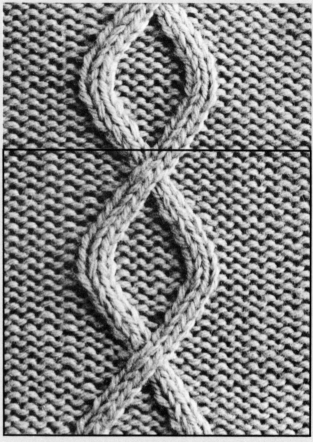

Mustersatz: 14 Maschen und 17 Reihen.

2 Zugmaschen nach links:
2 Maschen auf eine Hilfsnadel nach vorne legen und die folgende Masche links stricken; dann die 2 Maschen der Hilfsnadel rechts abstricken.

2 Zugmaschen nach rechts:
1 Masche auf einer Hilfsnadel nach hinten legen. 2 Maschen rechts stricken und dann die Masche der Hilfsnadel links abstricken.

Zugmaschenmuster

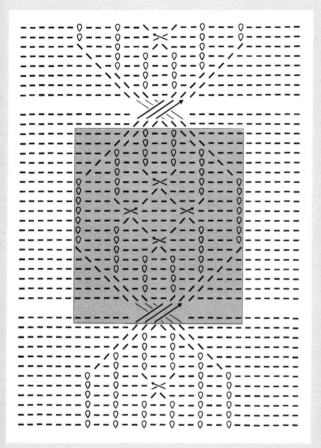

Mustersatz: 18 Maschen und 20 Reihen.

Bis zur Kreuzung links stricken. Die ersten 3 rechten Maschen auf eine Hilfsnadel geben und nach hinten legen.

Die nächsten 3 Maschen rechts abstricken.

Jetzt die Hilfsnadel nach vorne nehmen und rechts abstricken.

Links weiterstricken. In der Rückreihe alle Maschen abstricken, wie sie auf der Nadel liegen.

Muster mit hochgezogenen Maschen

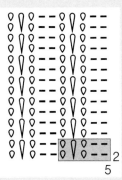

2 Maschen links, 1 Masche rechts stricken; 1 Masche links abheben. 1 Masche rechts, 2 Maschen links stricken.

Rückreihe: 2 Maschen rechts, 3 Maschen links, 2 Maschen rechts stricken.

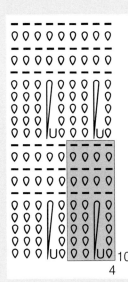

Für den Umschlag den Faden von vorne nach hinten um die Nadel legen.

Dann 1 Masche rechts stricken.

Rückreihe: Bis vor den Umschlag links stricken.

Den Umschlag fallen lassen und die nächste Masche abheben.

Auf der Vorder- und Rückseite diese Masche jedesmal abheben.

Bei erreichter Höhe die gezogene Masche rechts stricken.

Muster mit hochgezogenen Maschen

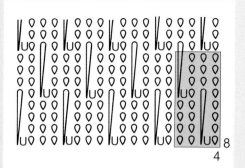

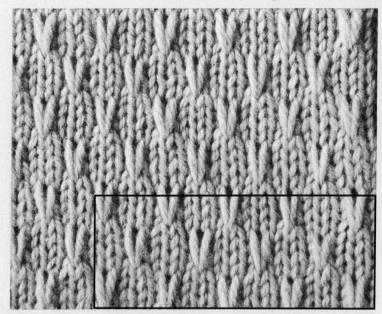

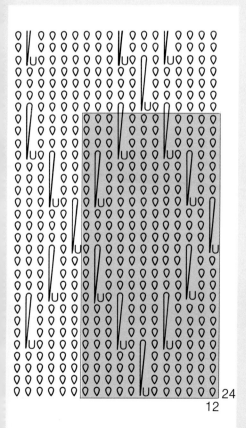

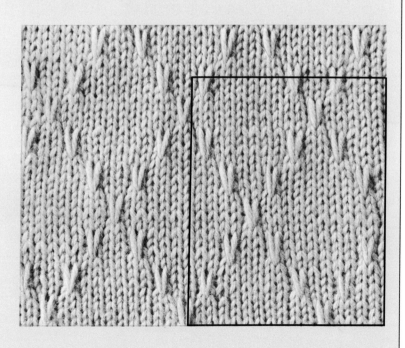

Muster mit überzogenen Maschen

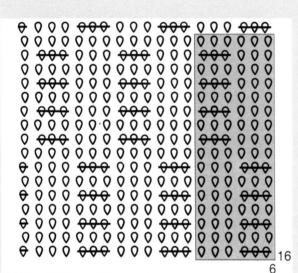

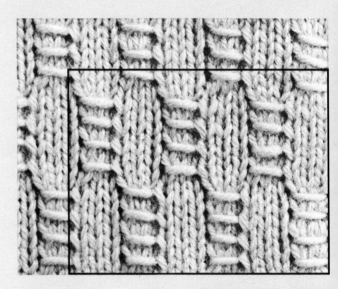

Für das Überziehen wird ein Umschlag gelegt.

3 Maschen rechts stricken.

Dann den Umschlag über diese 3 Maschen ziehen.

Muster mit überzogenen Maschen

Über 6 Reihen im Wechsel 2 Maschen rechts, 2 Maschen links stricken.
6 Maschen vorgehen, zwischen den Maschen einstechen und den Faden holen.

Die Schlinge auf die linke Nadel heben ...

... und mit der 1. Masche links zusammenstricken.

Dann weiter
1 Masche rechts,
2 Maschen links,
2 Maschen rechts
stricken.
Auf der Rückseite durchgehend
2 rechts, 2 links stricken.

113

Rippenmuster

Vorderseite: 2 Maschen rechts, 2 Maschen links stricken.

Rückseite: 2 Maschen rechts, 1 Umschlag, 2 Maschen rechts.

Dann den Umschlag über die 2 rechten Maschen ziehen.

Weiter 2 Maschen rechts, 1 Umschlag, 2 Maschen rechts, den Umschlag überziehen usw.

Variation des oberen Musters. Mustersatz: 8 Maschen und 20 Reihen. Das Beenden der Rippen und der Beginn der neuen Rippen erfolgt in der gleichen Reihe.

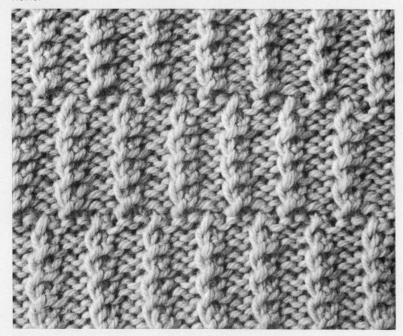

Rippenmuster

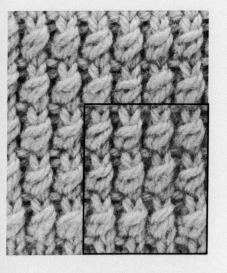

In die rechte Masche einstechen und den Faden durchholen. Die rechte Masche zunächst auf der linken Nadel lassen.

Dann zwischen den Maschen unter dem Querfaden einstechen und den Faden durchholen.

Jetzt erst die Masche rechts stricken, nächste Masche links usw.

Variation des oberen Musters. Mustersatz: 2 Maschen und 14 Reihen.
Nach je 2mal Rippenmuster 3 Hin- und Rückreihen kraus stricken.

Auf der Rückseite werden die 3 Schlingen links zusammengestrickt. 3. und 4. Reihe: 1 Masche rechts, 1 Masche links.

115

Reliefmuster

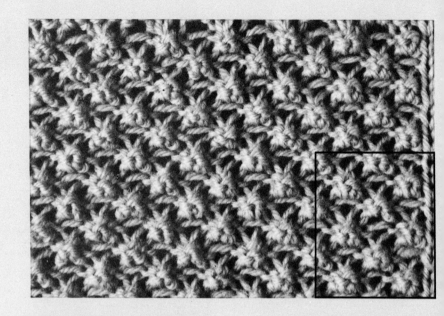

∨	Ω−Ɔ		∨			ያ	12
−	−	−	−	−	−	−	ያ	11
Ω−Ɔ		∨		Ω−Ɔ		ያ	10
−	−	−	−	−	−	−	ያ	9
∨	Ω−Ɔ		∨			ያ	8
−	−	−	−	−	−	−	ያ	7
Ω−Ɔ		∨		Ω−Ɔ		ያ	6
−	−	−	−	−	−	−	ያ	5
∨	Ω−Ɔ		∨			ያ	4
−	−	−	−	−	−	−	ያ	3
Ω−Ɔ		∨		Ω−Ɔ		ያ	2
−	−	−	−	−	−	−	ያ	1

4

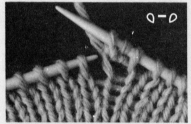

1 Aus der rechten Masche 1 Masche rechts, 1 Masche links, 1 Masche rechts stricken.

2 In die nächsten 3 Maschen links einstechen ...

3 ... und links zusammenstricken.

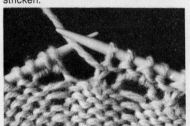

4 Rückreihe: Alle Maschen links stricken.

5 In der nächsten Musterreihe mit 3 Maschen links zusammenstricken beginnen.

6 Das Muster erscheint auf der Rückseite.

Reliefmuster

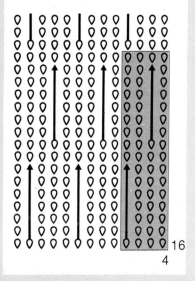

1.–6. Reihe Rechtsgrund.

1 3 Maschen rechts stricken, die folgende Masche 6 Reihen tief fallen lassen.

2 Die Masche auffassen und hochziehen ...

3 ... dann rechts abstricken.

4 Wieder 3 Maschen stricken, 1 Masche fallen lassen usw.

5 Die Rückreihe links stricken, anschließend 6 Reihen Rechtsgrund.

6 Jetzt versetzt die Maschen fallen lassen.

Noppenmuster, Flachnoppe

Zwischen 2 Maschen 3 Querfäden tief einstechen, den Faden holen und die Schlinge hochziehen.

Die Schlinge auf die linke Nadel heben und rechts verschränkt abstricken.

Auf diese Weise, je nach Noppenstärke, 5–7 Schlingen stricken.

Auf der Rückseite, je nach Richtung der Noppe, die Schlingen mit der Masche vor oder nach den Schlingen links auffassen...

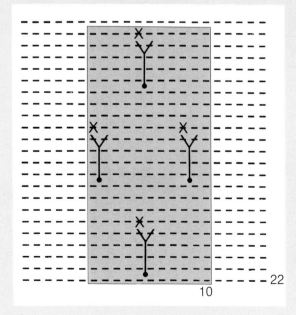

... und links zusammenstricken.

Noppenmuster

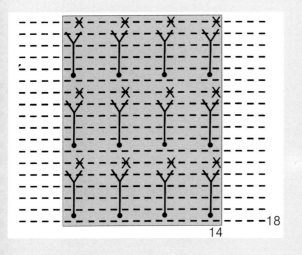

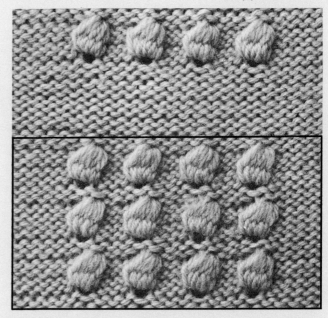

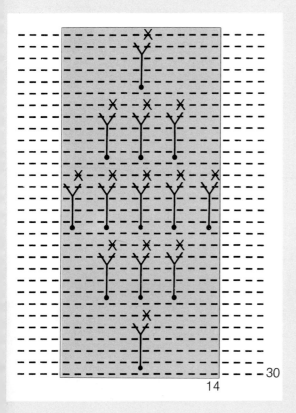

Noppenmuster, Hochnoppe

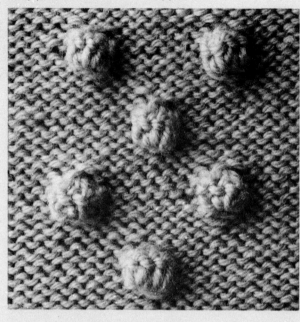

Aus einer Masche 6 Maschen 1 rechts, 1 links im Wechsel stricken.

Auf der Rückseite die Maschen der Noppe rechts verschränkt stricken.

Auf der nächsten Hinreihe diese Maschen links auffassen ...

... und links zusammenstricken.

Noppenmuster

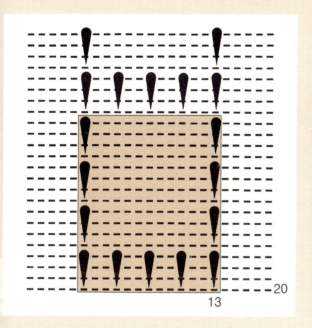
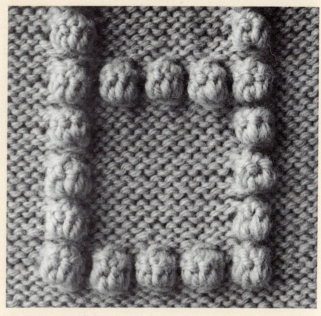

13   20

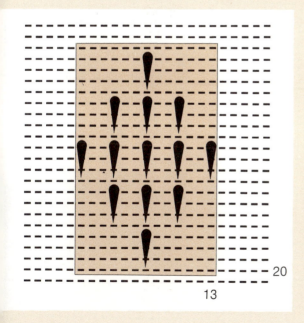

13   20

Patentmuster

1. Reihe: Nach der Randmasche
1 Masche rechts stricken, 1 Umschlag,
1 Masche links abheben.

2. Reihe: 1 Umschlag, 1 Masche links
abheben, Umschlag und abgehobene
Masche der 1. Reihe rechts zusammenstricken.

Umschlag und abgehobene Masche der
2. Reihe rechts zusammenstricken,
1 Umschlag, 1 Masche links abheben.

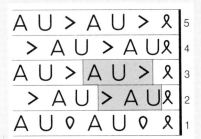

Der Anschlag muß eine gerade
Maschenzahl haben. Beim Patent
werden alle Hin- und Rückreihen gleich
gestrickt. Immer wiederholt sich: Umschlag, 1 Masche abheben, Umschlag
und abgehobene Masche der Vorreihe
rechts zusammenstricken.

Patentmuster

Patentmuster kombiniert mit glattem Rechtsgrund. Damit sich der Rechtsgrund zwischen den Patentreihen nicht zu sehr zusammenzieht, werden hier um 2 Nummern stärkere Nadeln verwendet.

Patentmuster, Halbpatent

Das Halbpatent ähnelt dem Erscheinungsbild des Bündchenmusters 1 Masche rechts, 1 Masche links, ist aber im Gegensatz dazu sehr viel elastischer. Dieses Muster wird über einer geraden Maschenzahl gearbeitet.

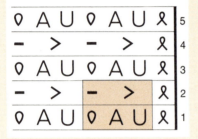

1 1. Reihe: 1 Umschlag, 1 Masche links abheben.

2 1 Masche rechts stricken.

3 2. Reihe: Nach der Randmasche 1 Masche links stricken.

4 Dann die abgehobene Masche und den Umschlag der Vorreihe rechts zusammenstricken.

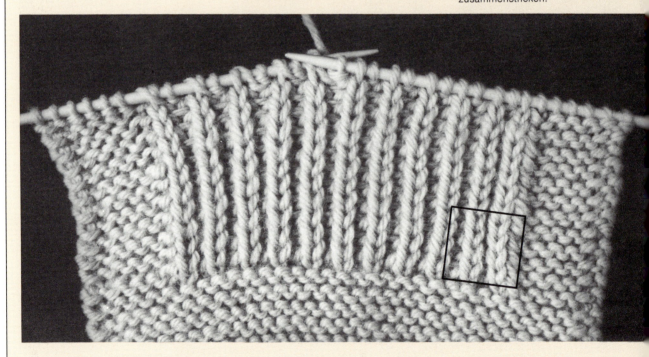

Patentmuster, Netzpatent

Netzpatent wird über einer geraden Maschenzahl gearbeitet.

= Umschlag links abheben.

= Umschlag mit einer Masche links zusammenstricken.

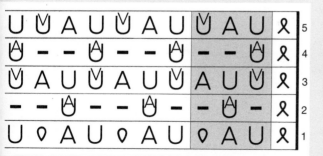

1. Reihe:
Randmasche,
1 Umschlag,
1 Masche links abheben,
1 Masche rechts stricken.

2. Reihe:
Randmasche,
1 Masche links,
(Faden liegt vor der Nadel)
Umschlag links abheben,
1 Masche links stricken.

3. Reihe:
Randmasche,
den Umschlag mit der rechten Masche links zusammenstricken,
1 Umschlag,
die rechte Masche links abheben.

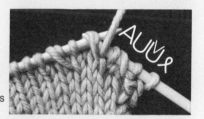

4. Reihe:
Randmasche,
den Faden vor die Nadel legen und den Umschlag links abheben,
2 Maschen links stricken.

5. Reihe:
Randmasche,
1 Umschlag,
Masche links abheben,
den Umschlag mit der rechten Masche links zusammenstricken.

2.–5. Reihe ständig wiederholen.

Schlingenmuster

Mit verschiedenen Nadelstärken können sehr schöne offene Muster gestrickt werden. Sie eignen sich besonders für sommerliche Kleidungsstücke und als Pulloverpassen oder für Ärmel.

♡ ♡ ♡ ♡ ♡ ♡	Nadel Nummer 3	12–16
♡ ♡ ♡ ♡ ♡ ♡	Nadel Nummer 5	11
♡ ♡ ♡ ♡ ♡ ♡	Nadel Nummer 3	6–10
♡ ♡ ♡ ♡ ♡ ♡	Nadel Nummer 5	5
♡ ♡ ♡ ♡ ♡ ♡	Nadel Nummer 3	1–4

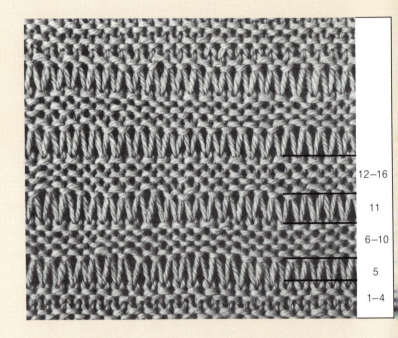

♡ ♡ ♡ ♡ ♡ ♡	Nadel Nummer 2	26–28
♡ ♡ ♡ ♡ ♡ ♡	Nadel Nummer 3	25
♡ ♡ ♡ ♡ ♡ ♡	Nadel Nummer 2	22–24
♡ ♡ ♡ ♡ ♡ ♡	Nadel Nummer 5	21
♡ ♡ ♡ ♡ ♡ ♡	Nadel Nummer 2	16–20
♡ ♡ ♡ ♡ ♡ ♡	Nadel Nummer 8	15
♡ ♡ ♡ ♡ ♡ ♡	Nadel Nummer 2	10–14
♡ ♡ ♡ ♡ ♡ ♡	Nadel Nummer 5	9
♡ ♡ ♡ ♡ ♡ ♡	Nadel Nummer 2	6–8
♡ ♡ ♡ ♡ ♡ ♡	Nadel Nummer 3	5
♡ ♡ ♡ ♡ ♡ ♡	Nadel Nummer 2	1–4

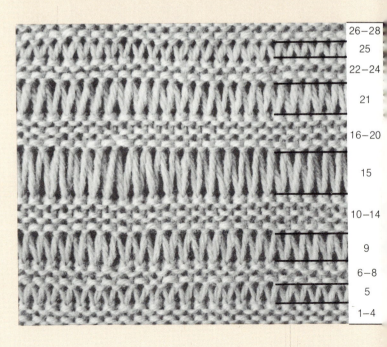

Schlingenmuster

Sollen die Schlingen sehr hoch werden, arbeitet man nicht mit stärkeren Nadeln, sondern mit mehrfachen Umschlägen. Die Umschläge in den Rückreihen fallen lassen. Die Randmaschen immer stricken.

kraus stricken	⅄	20–26
⑶o⑶o⑶o⑶o⑶o⑶⅄		19
kraus stricken	⅄	8–18
⑵o⑵o⑵o⑵o⑵o⑵⅄		7
kraus stricken	⅄	1–6

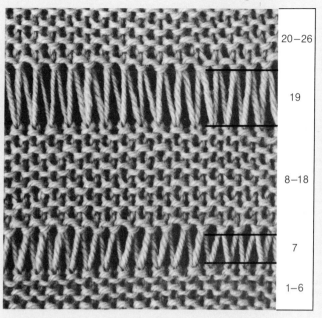

Für die Maschenlängen am Anfang und Ende der Wellen je 1 Umschlag und innerhalb der Wellen 3mal je 2 Umschläge legen.

In der Rückreihe die Umschläge fallen lassen und die folgende Masche rechts stricken. Alle Zwischenreihen kraus stricken.

Schlingenmuster

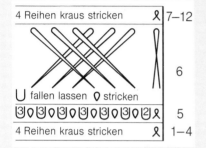

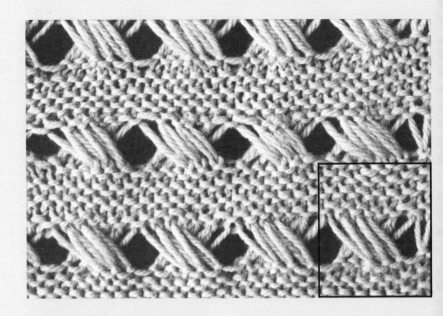

1 Für die Randmasche 2, dann jedesmal 3 Umschläge legen.

2 Rückreihe: Randmasche abheben, Umschläge fallen lassen, Schlinge hochziehen.

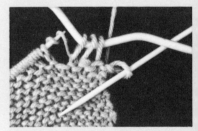

3 Ebenso mit den nächsten 3 Maschen verfahren und diese auf eine Hilfsnadel geben.

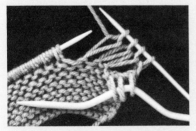

4 Die folgenden 3 Maschen rechts stricken, Umschläge fallen lassen.

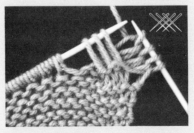

5 Dann die Schlingen der Hilfsnadel abstricken usw.

6 Anschließend 6 Reihen kraus stricken.

Schlingenmuster

Mustersatz: 2 Maschen und 1 Reihe.

Die 2. Reihe wird versetzt gestrickt. Die Schlingen können mit dem Daumen festgehalten oder nur nach Augenmaß lose gelegt werden.

Wenn dieses Schlingenmuster als Bordüre verwendet wird, muß jede Masche als Schlinge abgeschlossen werden. Dann wird keine rechte Masche dazwischen gestrickt.

1 Aus der rechten Masche 1 rechte Masche stricken. Die Masche auf der linken Nadel lassen.

2 Den Faden zwischen den Nadeln als Schlinge nach vorne legen . . .

3 . . . und jetzt die Masche rechts abstricken.

4 1 Umschlag legen, mit der linken Nadel in die beiden Maschen stechen . . .

5 . . . und beide Maschen über den Umschlag ziehen.

6 Dann 1 Masche rechts usw. Rückreihe links stricken.

Durchbruchmuster

Die mehr oder weniger durchbrochenen Muster (auch Loch- oder Ajourmuster genannt) entstehen durch wechselnde Anordnung von Umschlägen und verschiedenen Maschen.
Da jeder Umschlag, wenn er abgestrickt wird, eine zusätzliche Masche ergibt, muß diese Masche in der Strickfolge wieder abgenommen werden. Dies geschieht, indem man 2 Maschen zusammen oder überzogen abstrickt. So bleibt die Gesamtmaschenzahl immer gleich.

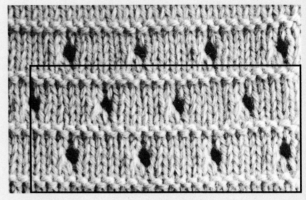

Vorderseite

Mit der rechten Nadel den Faden von hinten nach vorne erfassen. So liegt der Umschlag als halbe Schlinge über der Nadel.

In die nächsten 2 Maschen gleichzeitig rechts einstechen, den Faden holen ...

... und abstricken.

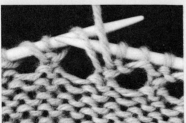

Auf der Rückseite wird der Umschlag links gestrickt.

Rückseite

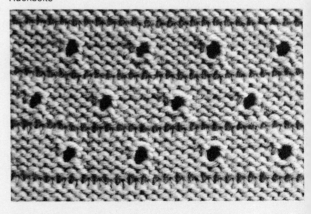

Durchbruchmuster

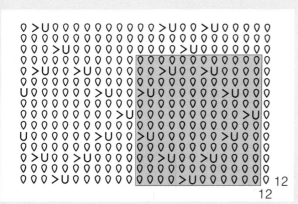
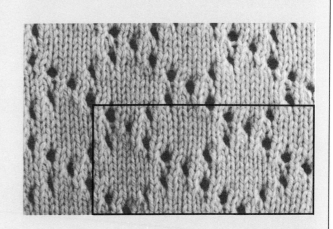

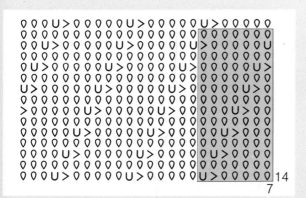

131

Durchbruchmuster

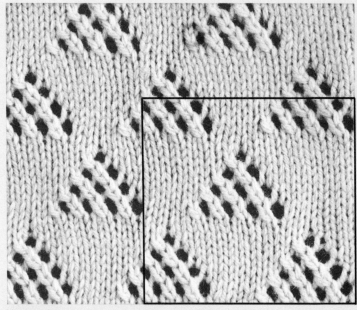

Vorderseite

Rückseite

Umschlag, 1 Masche abheben, ...

...die 2. Masche rechts stricken und die abgehobene Masche über die rechte Masche ziehen.

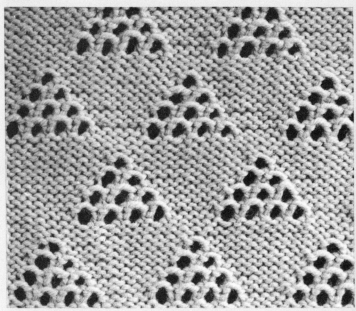

Durchbruchmuster

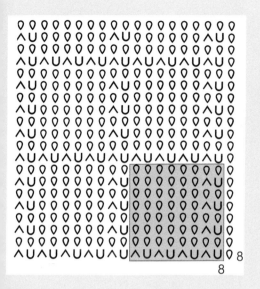

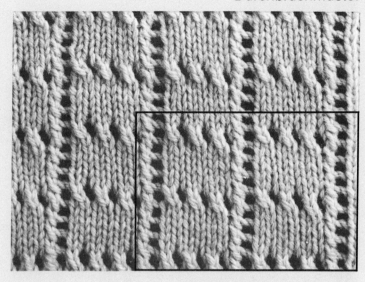

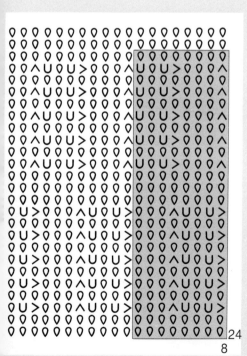

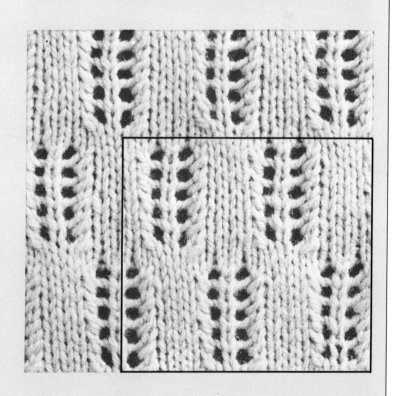

Durchbruchmuster

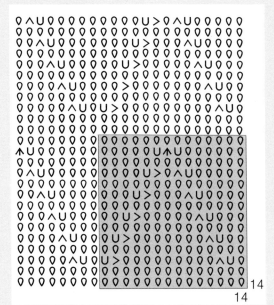

14
14

Nach dem Umschlag 1 Masche links abheben, 2 Maschen rechts zusammenstricken...

...und die abgehobene Masche über die rechte Masche ziehen.

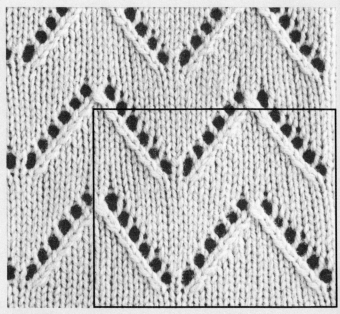

Vorderseite

Rückseite

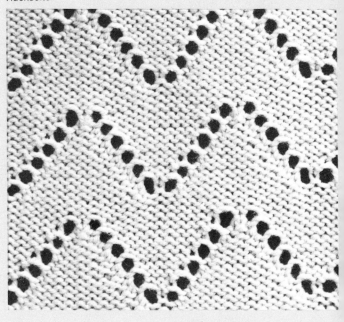

Durchbruchmuster

Vorderseite

Rückseite

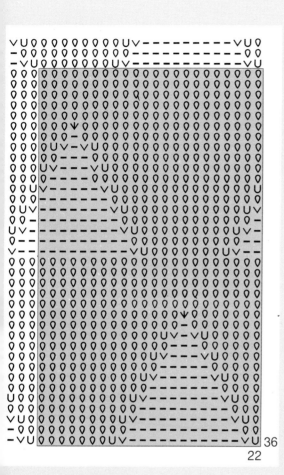

3 Maschen links zusammenstricken.

Durchbruchmuster

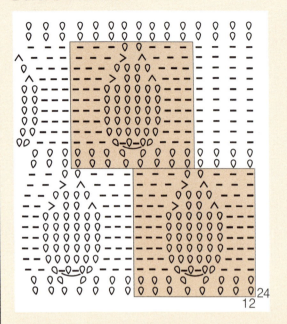

-0-0 : aus dem Querfaden zwischen den beiden Maschen 4 Maschen, rechts–links–rechts–links, herausstricken.

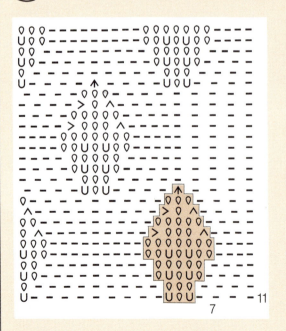

Durchbruchmuster

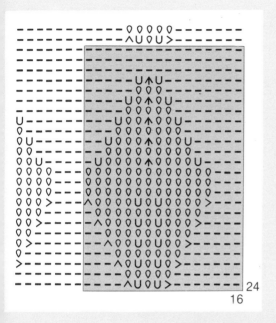

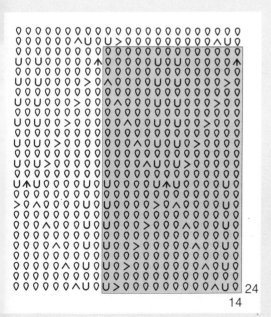

Durchbruchmuster, Bordüren

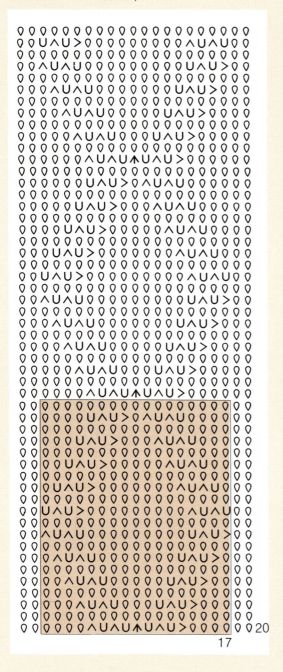

17 20

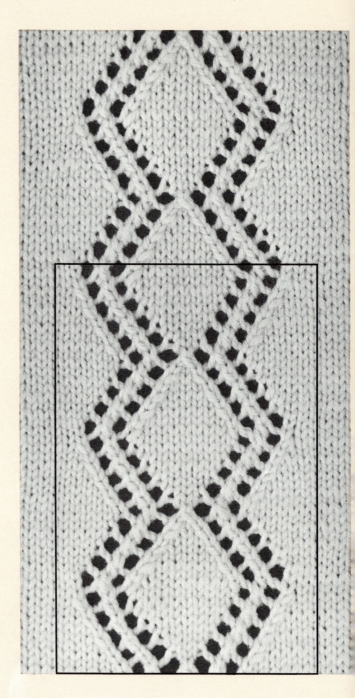

Durchbruchmuster, Bordüren

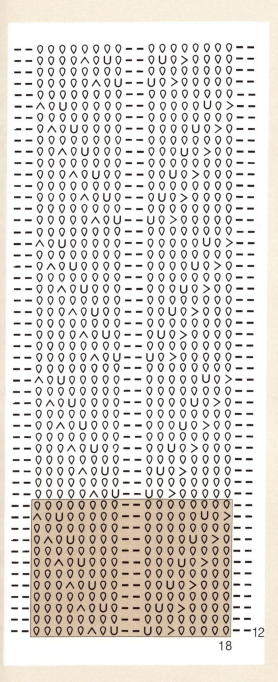
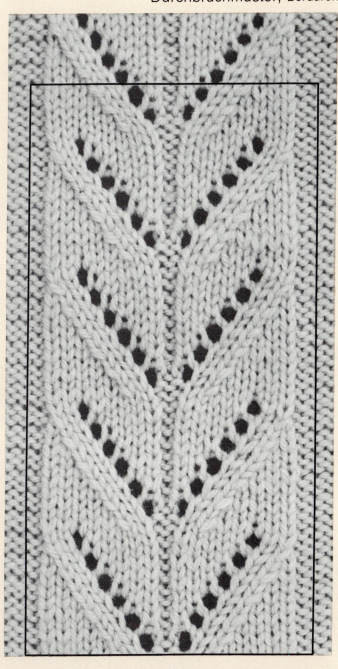

Durchbruchmuster, Bordüren

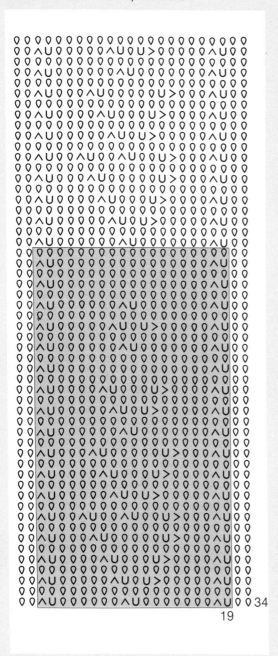

Durchbruchmuster, Bordüren

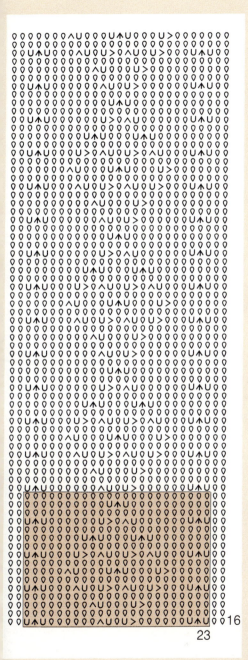

141

Durchbruchmuster

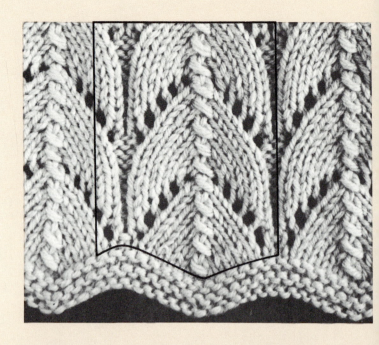

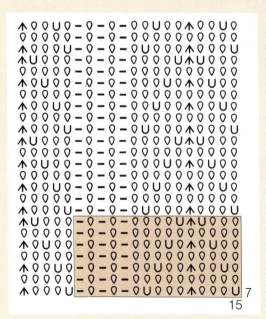

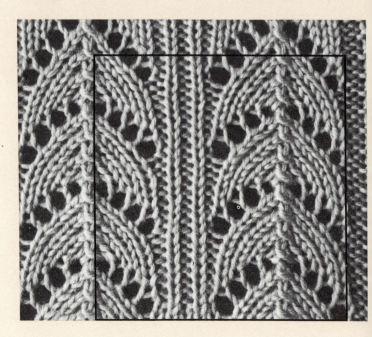

Durchbruchmuster

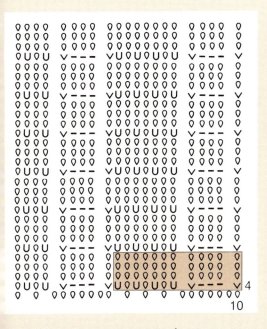

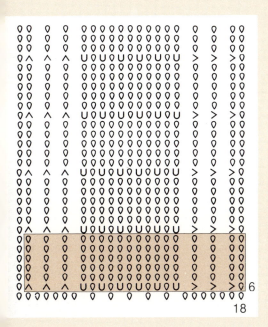

Durchbruchmuster

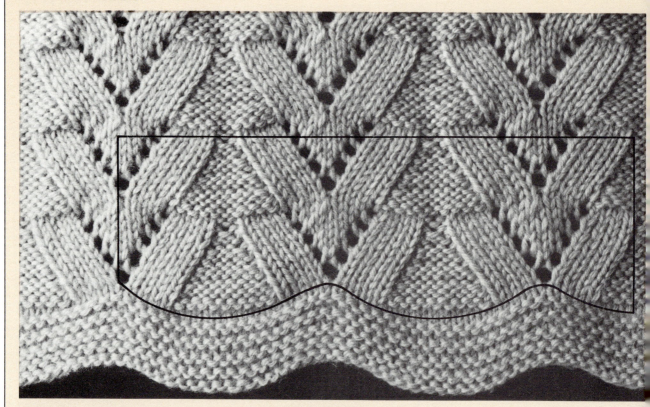

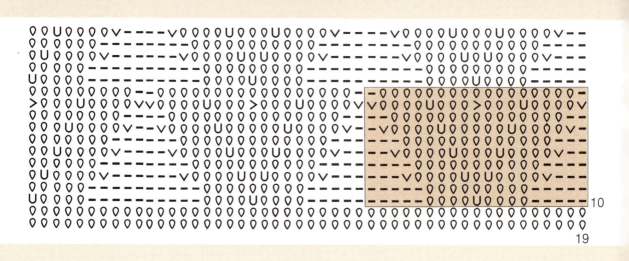

Durchbruchmuster

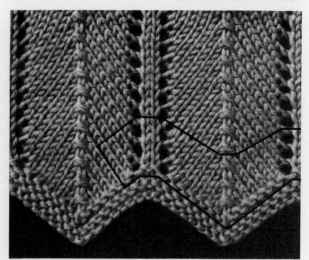

1 Aus der letzten rechten Masche zusätzlich eine rechts verschränkte Masche herausstricken.

2 Dann 1 Masche rechts stricken. Aus der 2. Masche wieder zusätzlich eine rechts verschränkte Masche herausstricken.

1 Nach der letzten Masche 1 Umschlag legen.

2 Dann 2 Maschen rechts stricken und wieder 1 Umschlag legen.
In der Rückreihe alle Maschen und die Umschläge links stricken.

Durchbruchmuster

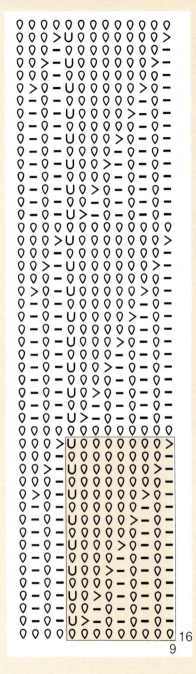

Durchbruchmuster

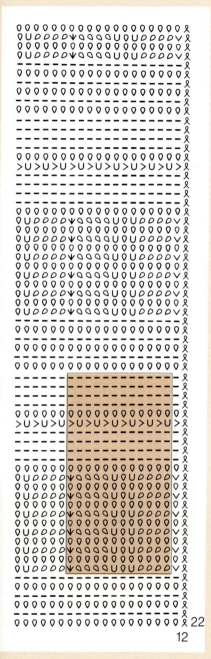
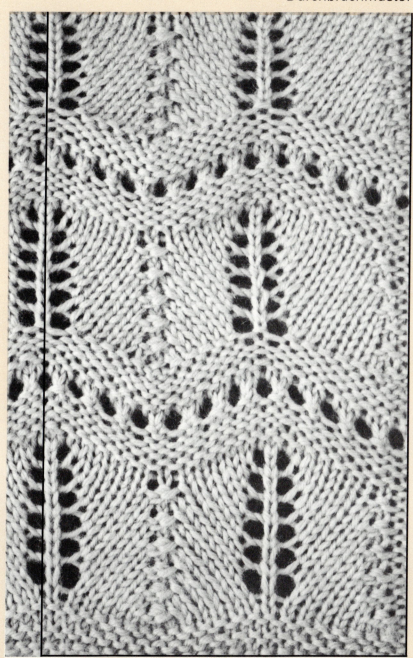

Durchbruchmuster

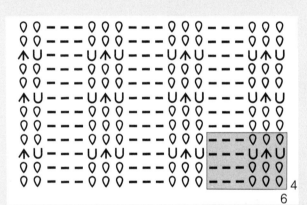
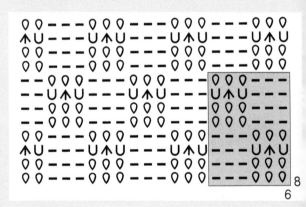

1 Umschlag, 1 Masche rechts abheben.

2 Maschen rechts zusammenstricken und . . .

. . . die abgehobene Masche überziehen, 1 Umschlag.

Die Umschläge auf der Rückseite links stricken.

Durchbruchmuster

߉	Jede Reihe mit	႘᭑A U ႘᭑A U ႘᭑A U	߉	3
—	vollem Muster-	U A᭑႘ U A᭑႘ U A᭑႘	߉	2
߉	satz und einer Randmasche			
—	beenden.	႘᭑A U ႘᭑A U ႘᭑A U	߉	1

– ०० U > – – – ०० U > – – – ߉	3
– ∨U ०० – – – ∨U ०० – – – ߉	2
– ०० U > – – – ०० U > – – – ߉	1

1 1 Umschlag, 1 Masche links abheben, 1 Masche rechts stricken, die abgehobene Masche überziehen.

2 Rückreihe: Nach der Randmasche 1 Umschlag, 1 Masche links abheben.

3 Den Umschlag der Vorreihe rechts stricken ...

4 ... und die abgehobene Masche überziehen.

3 Maschen links stricken, 2 Maschen rechts zusammenstricken.

1 Umschlag, 2 Maschen rechts stricken.

Rückreihe: 2 Maschen links zusammenstricken.

1 Umschlag 2 Maschen links, 3 Maschen rechts.

1. und 2. Reihe laufend wiederholen.

149

Durchbruchmuster

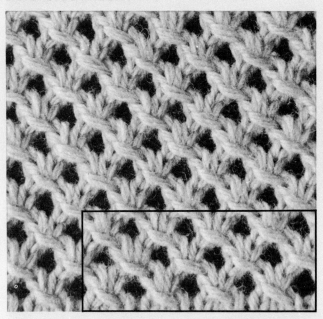

Mustersatz:
3 Maschen
und 4 Reihen.

Randmasche,
1 Umschlag,
1 Masche rechts
abheben.

2 Maschen rechts
stricken und die ab-
gehobene Masche
über die 2 rechten
Maschen ziehen.

Variation des oberen Musters.

So sieht die
Hinreihe aus.

Auf der Rückreihe
alle Maschen, auch
die Umschläge,
links stricken.

In der 3. Reihe wird das Muster versetzt (siehe Zeichenschrift):
5. Reihe wie die 1. Reihe stricken.

```
linker Rand                                    rechter Rand
  ℓ o o       o o   o o o   o o o   o o o   o o ℓ  │ 6
  ℓ o U     o o AU o o AU o o AU o o AU o ℓ        │ 5
  ℓ o o       o o o   o o o   o o   o o     ℓ      │ 4
  ℓ o o A   U o o AU o o AU o o AU o o A ℓ         │ 3
  ℓ o o       o o   o o o   o o o   o o   o o ℓ    │ 2
  ℓ o U     o o AU o o AU o o AU o o AU o ℓ        │ 1
```

Durchbruchmuster

Mustersatz:
6 Maschen
und 4 Reihen.

3 Maschen links,
3 Maschen rechts
und die 1. rechte
Masche über die
2 folgenden ziehen.

Rückreihe:
3 Maschen rechts,
1 Masche links,
1 Umschlag,
1 Masche links
stricken.

Variation des oberen Musters.

3. Reihe:
3 Maschen links,
1 Masche rechts,
den Umschlag der
Vorreihe
rechts abstricken,
1 Masche rechts
stricken.

4. Reihe:
3 Maschen rechts,
3 Maschen links
stricken.

5.–8. Reihe:
wie 1.–4. Reihe
stricken usw.

Kunststricken

Das Kunststricken basiert auf der gleichen Technik wie die Durchbruchmuster, also wechselnde Anordnung von Umschlägen und verschiedenen Maschen.

Die Unterscheidung liegt zum einen in den verwendeten Garnen und zum anderen in der Form des Strickens:
Hier wird ausschließlich mit stark gedrehten dünnen Garnen aus feiner Wolle, merzerisierter Baumwolle, Seide oder Kunstseide gearbeitet.

Die runden, ovalen oder mehreckigen Flächen entstehen meistens nicht in Hin- und Rückreihen, sondern überwiegend in Runden mit einem Nadelspiel oder einer Rundnadel.
Somit sind die Modellarten für das Kunststricken vorgegeben.

Hauptsächlich werden Deckchen, Läufer und Tischdecken gestrickt, je nach Mode finden aber auch Kragen, Spitzen und Einsätze Verwendung.

Um eine wirkungsvolle Kunststrickarbeit zu bekommen, ist es wichtig, daß das Material zum Strickmuster paßt und daß die richtigen Nadeln gewählt werden.

Eine kleine Strickmusterprobe läßt gleich erkennen, ob die in der Beschreibung angegebene Nadelstärke dem Material entspricht.

Wer locker strickt, wählt eine 1/2–1 Nummer feinere Nadel, und wer sehr fest strickt, wählt eine 1/2–1 Nummer stärkere Nadel.

Kunststricken, Anschlag

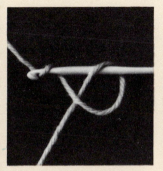   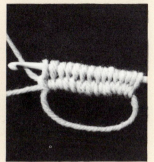

1 Den Faden zur Schlinge legen, die Nadel einführen, Umschlag legen...

2 ...und durch die Schlinge ziehen; wieder Umschlag legen...

3 ...und durchziehen.

4 Die Zahl der Anschlagmaschen als feste Maschen in die Schlinge häkeln.

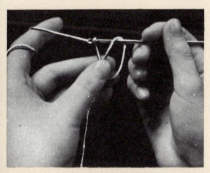 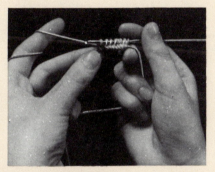 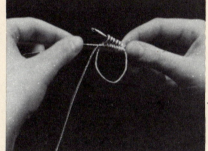

In den Fotos ist die richtige Handhaltung beim Anschlag klar zu sehen.

5 Den kurzen Faden anziehen und so die Fadenschlinge mit den festen Maschen zusammenziehen.

6 Damit die Häkelmaschen leichter abzustricken sind, nimmt man zum Auffassen 2 dünne Nadeln.

7 Mit der angegebenen Nadelstärke die Maschen rechts verschränkt stricken und auf 4 Nadeln verteilen.

8 Diese rechts verschränkt gestrickte Runde wird nicht gezählt.

153

Kunststricken

Wenn für jeden Mustersatz, wie allgemein üblich, nur 1 Masche angeschlagen wird, so ziehen sich diese bei der 1. Strickrunde zu sehr in die Höhe. Damit der Anschlag für die Kunststrickdecken einen geschlossenen Anfangsring ergibt, werden doppelt so viele Maschen in den Ring gehäkelt. Jeder Mustersatz hat dann 2 Maschen anstatt nur 1 Masche. Dafür beginnt man bei der Runde zu stricken, die auf die letzte Runde mit 2 Maschen Mustersatz folgt (in unserem Beispiel mit der 5. Runde).

Die Symbolschrift ist in ein Liniennetz eingetragen. Leere Kästchen haben keine Bedeutung. Sie erleichtern aber hier das Ablesen.

Jede abgebildete Symbolreihe entspricht dem Mustersatz einer Strickrunde. Dieser Mustersatz wiederholt sich entsprechend der zu Beginn angeschlagenen Maschen.

In diesem Beispiel bedeutet das:
8 Maschen Anschlag = 8mal den jeweiligen Mustersatz in der betreffenden Runde stricken.

Wiederholen sich 2 oder mehr Musterrunden, so sind die entsprechenden Symbolreihen am Rand mit einer Klammer und der Angabe versehen, wie oft diese Runden nacheinander gestrickt werden.

Ein Lineal oder Papierstreifen erleichtert das Ablesen.

Die Strickarbeit immer nur nach der fertigen Runde unterbrechen. Die letzte Runde in der Symbolschrift anzeichnen (x), damit bei der Wiederaufnahme der Arbeit keine Fehler entstehen.

Das erweiterte neue Muster wird wieder mit der Runde 1 begonnen.

Runden mit Umschlägen erweitern den Mustersatz.

Unbenannte Runden werden rechts gestrickt.

Mehrere Runden aus rechten Maschen können in der Zeichenschrift zusammengefaßt werden, zum Beispiel 2., 3. und 4. Runde (2–4) rechts stricken.

Anschlag: 8 Maschen
= 8 Mustersätze

Um den Anfang und das Ende einer Runde leichter zu sehen, ist es ratsam, gleich schon bei der 1. Runde einen farbigen Faden einzuknüpfen. Dieser Faden wird jeweils nach einigen Runden nach vorne oder hinten gelegt.

Beim Zählen mehrerer rechts gestrickter Runden ist zu beachten, daß die Maschen der letzten Runde auf den Nadeln liegen. Diese Runde ist also mitzuzählen.

Kunststricken

Größe der Decken:

Will man eine Decke in einer bestimmten Größe stricken, ist folgendes zu beachten:
Strickgarn, Nadelstärke, Strickweise und Muster beeinflussen die Deckengröße. Eine Strickprobe mit dem gewählten Garn im Muster ist daher unbedingt erforderlich.
Die gestrickten Runden werden mit dem Zentimetermaß abgemessen und mit dem Modellschnitt verglichen. So können noch rechtzeitig Garn- oder Nadelstärke oder das Muster geändert werden.

Der glatt gestrickte Innenteil der Decken läßt sich bis zu einem gewissen Maß beliebig vergrößern oder verkleinern, jedoch nicht der gemusterte äußere Kreis.
Hier würde eine Erweiterung der Runden ohne Maschenzunahme zur Folge haben, daß sich die Decke nicht mehr ganz flach legen läßt.
Ein einfacher Papierschnitt erleichtert die Arbeit und ist für das spätere Spannen der Decke eine wertvolle Hilfe.

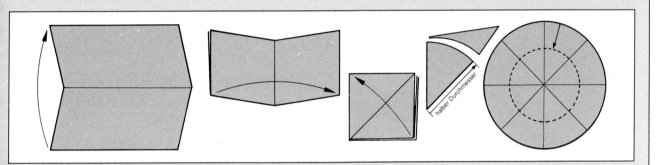

Anfertigen eines Papierschnitts:

Auch ohne Zirkel kann leicht ein ausreichend genauer Papierschnitt für runde Decken angefertigt werden.
Ein genügend großes Papier 3mal exakt falten. Von der Mitte (Spitze) her den halben Durchmesser einzeichnen und das überschüssige Papier wegschneiden.

Aufgefaltet haben wir nun die gewünschte Deckengröße, durch das Falten in 8 Teile geteilt.
Die durch die Strickprobe ermittelte Breite des Außenrandes von außen nach innen messen und einzeichnen.

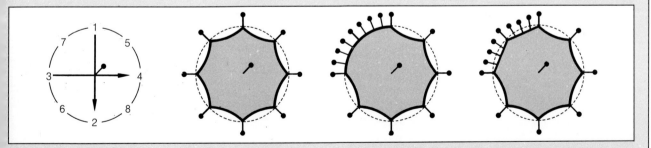

Spannen der Decke:

Den Papierschnitt auf eine Weichfaserplatte legen. Darüber zum Schutz Cellophan spannen.
Von der Mitte aus die Decke nach der Zahlenfolge spannen.

Dann den Rand sorgfältig in der richtigen Form anstecken, rund oder als Viereck.
Die Decke mit einer Stärkelösung befeuchten und trocknen lassen.
Kunstseide nur mit Wasser befeuchten.

Kunststricken

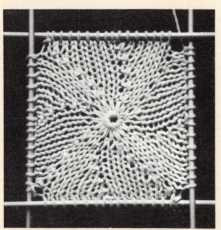

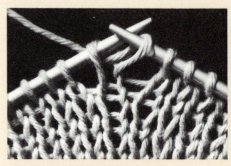

Anschlag 16 Maschen = 8 Mustersätze

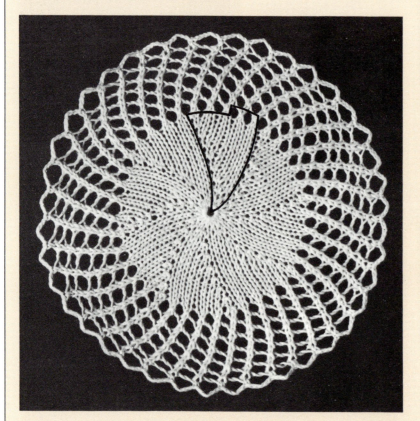

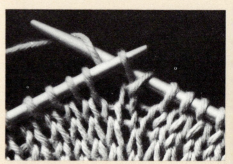

In die Masche rechts einstechen und den Faden locker durchziehen.

Rechts verschränkt nochmals in die Masche einstechen, Umschlag.

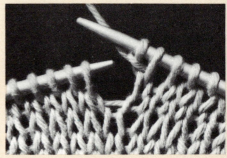

Den Faden durchziehen und die Masche von der linken Nadel gleiten lassen. Zum Abschluß den Umschlag durch je 2 Maschen ziehen, für die Bogen je 6 Luftmaschen häkeln.

Kunststricken

Anschlag 16 Maschen = 8 Mustersätze.

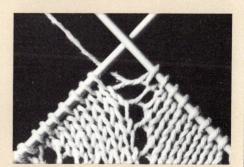

Den Umschlag von vorne nach hinten legen.

Den Umschlag bei der folgenden Runde rechts abstricken.

Die Umschläge gleichmäßig anziehen.

Kunststricken

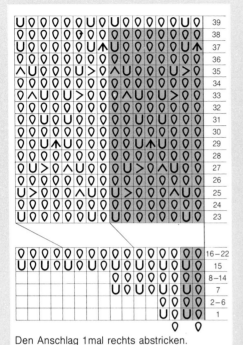

Den Anschlag 1mal rechts abstricken.

Häkelabschluß:

Im Wechsel (durch das Muster bestimmt) 3 und 5 Maschen auffassen, mit einer festen Masche zusammenhäkeln.

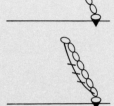

Dann 6 Luftmaschen häkeln, 3 Umschläge, in die feste Masche einstechen und das dreifache Stäbchen häkeln.

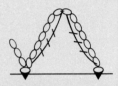

Wieder 6 Luftmaschen, 3 Umschläge in die beiden Maschen einstechen und dreifaches Stäbchen häkeln.
Weiter die nächsten Maschen von der Nadel auffassen, 6 Luftmaschen usw.

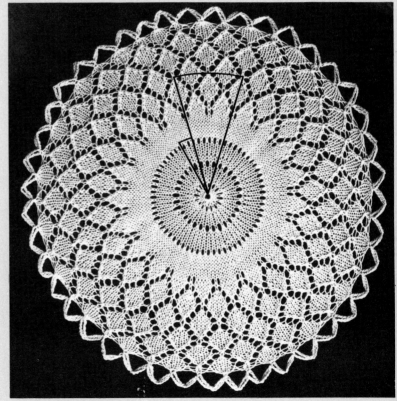

Häkelgarnstärke Nr. 10,
Nadelstärke Nr. 3.
Durchmesser der Decke = 32 cm,
Durchmesser des Innenkreises = 14 cm,
Durchbruchrand = 9 cm.
Anschlag: 16 Maschen = 8 Mustersätze.

Bei diesem Durchbruchmuster wird das Aufnehmen durch 3 Umschlagreihen erreicht. Für das Abnehmen innerhalb des Musters müssen die Maschen nach Bedarf auf den Nadeln verschoben werden.

Kunststricken

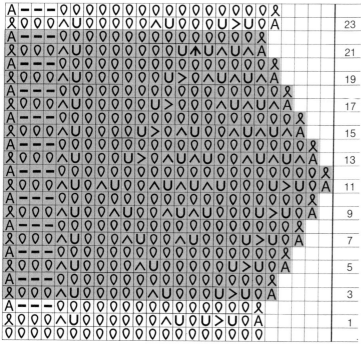

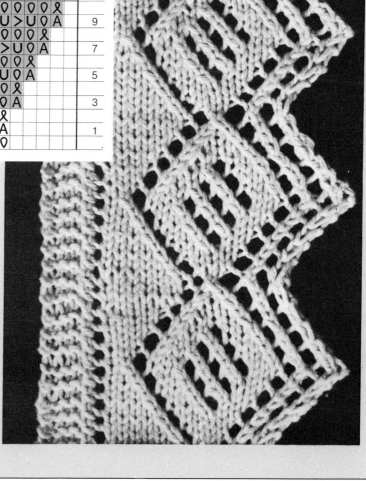

Breite der Spitze: 9 cm.
Anschlag: 20 Maschen.
Wie beim Musterstricken zeigt die Symbolschrift die Vorderseite der Spitze.
Da die Strickerei gewendet wird, müssen bei den Rückreihen alle rechten Maschen der Symbolschrift links und alle links gezeichneten Maschen rechts gestrickt werden.
Gelesen werden die ungeraden Reihen von rechts nach links, alle geraden Reihen von links nach rechts.
Beim kraus gestrickten Rand wird der Knötchenrand gestrickt.
Der Mustersatz der Spitze, von Reihe 3 bis Reihe 22, wiederholt sich fortlaufend.

Kunststricken

Größe der Decke:
etwa 40 x 25 cm.

Nadelstärke: 1,5.

Anschlag: 27 Maschen.

Beidseitig des länglichen Mittelteils wird der Knötchenrand gestrickt. Der Mustersatz wiederholt sich hier 3mal.

Nach Fertigstellung am Knötchenrand aus der 2. Maschenreihe am Anfang 3 Maschenschlingen herausholen. Dann fortlaufend 1 Masche übergehen und 2 Maschen herausholen. Am Ende wieder 3 Maschen herausholen.

Beim Kreuzanschlag der Schmalseite wird aus jeder Masche 1 Schlingenmasche herausgeholt.

Bei der 1. Musterreihe werden am Anfang jeder Nadel 1 Masche rechts für die Ecke und 1 Umschlag für das Aufnehmen gestrickt.
Dann fortlaufend das Muster stricken:
2 Maschen rechts zusammenstricken,
1 Umschlag.
Vor dem letzten Umschlag werden 3 Maschen zusammengestrickt, dann 1 Umschlag und 1 rechte Masche. Letzte und erste rechte Masche bilden zusammen die Ecke.

2. Runde rechts stricken.
3. Runde rechts stricken, nur nach der 1. und vor der letzten rechten Masche jeder Nadel 1 Umschlag machen.
4. Runde rechts stricken.
Die Runden 5+6, 9+10, 13+14, 17+18, 19+20, 23+24 wie die Runden 3+4 stricken.
Die Runden 7+8, 11+12, 15+16, 21+22 wie die Runden 1+2 stricken.

Kunststricken

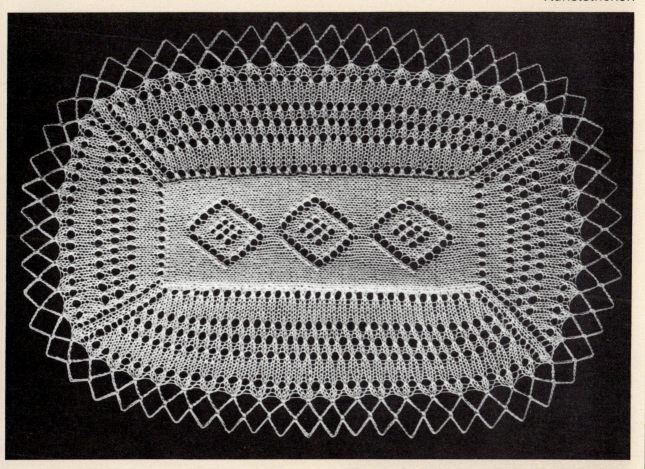

Für den Abschlußrand je 4 Maschen zusammenfassen und für die Bögen je 12 Luftmaschen häkeln.

In den Ecken müssen die Bandmaschen mit den beidseitig angestrickten Umschlägen zusammengehäkelt werden.

Es kann sein, daß man am Rand vielleicht einmal nur 3 Maschen oder gar 5 Maschen vor dem Bandabschluß hat, dies fällt nicht so sehr auf, wenn der Bandabschluß genau nach Angabe gehäkelt wird.

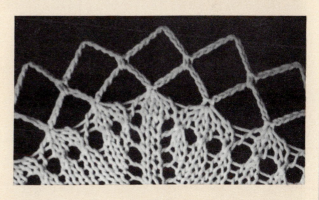

Motivstricken

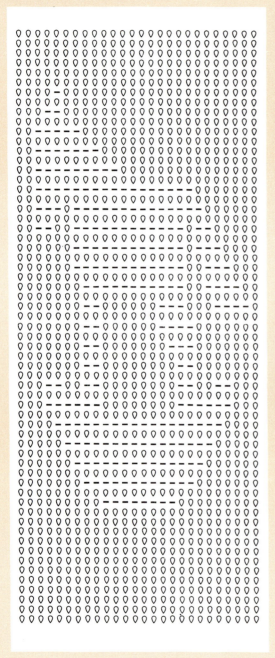

Motivstricken

Will man Motive nach eigenen Entwürfen stricken, so sollte man folgendes beachten:
Die Motive sollten bereits als Schattenriß (Silhouette) voll zur Geltung kommen. Man kann mit verschiedenen Maschenkombinationen zwar Strukturen erzielen, doch ist der Kontrast zu schwach für komplizierte Innenzeichnungen.
Am schnellsten kommt man zu einer brauchbaren Zählvorlage, wenn man das Motiv auf ein Kästchenpapier überträgt. Da aber die gestrickte Masche nicht so hoch wie breit ist, sondern etwas niedriger, muß das Motiv auf dem Kästchenpapier in die Höhe gestreckt werden (siehe Schaukelpferd); andernfalls wird das gestrickte Motiv zu gedrungen und wirkt verzerrt.
Schneidet man das Motiv aus transparentem Papier und legt es auf die Strickerei (Maschenprobe, Rückenteil eines Pullovers usw.), kann man die nötigen Maschen in Breite und Höhe leicht ablesen.

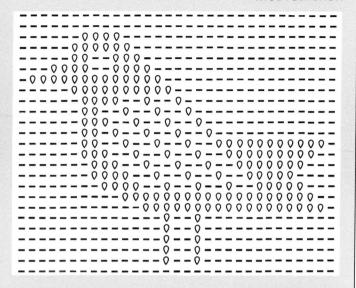

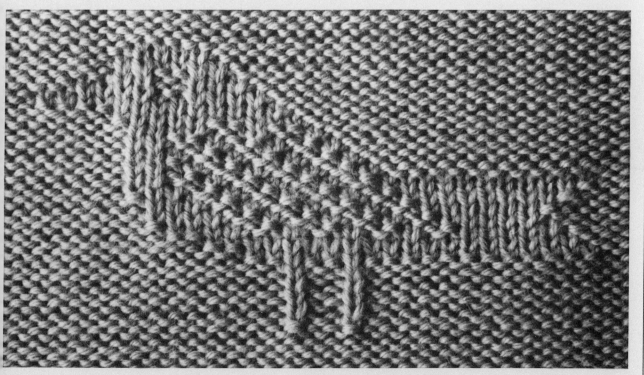

Motivstricken

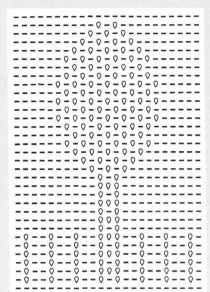

Motivstricken

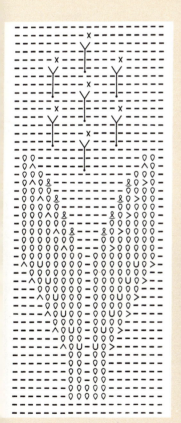

165

Motivstricken

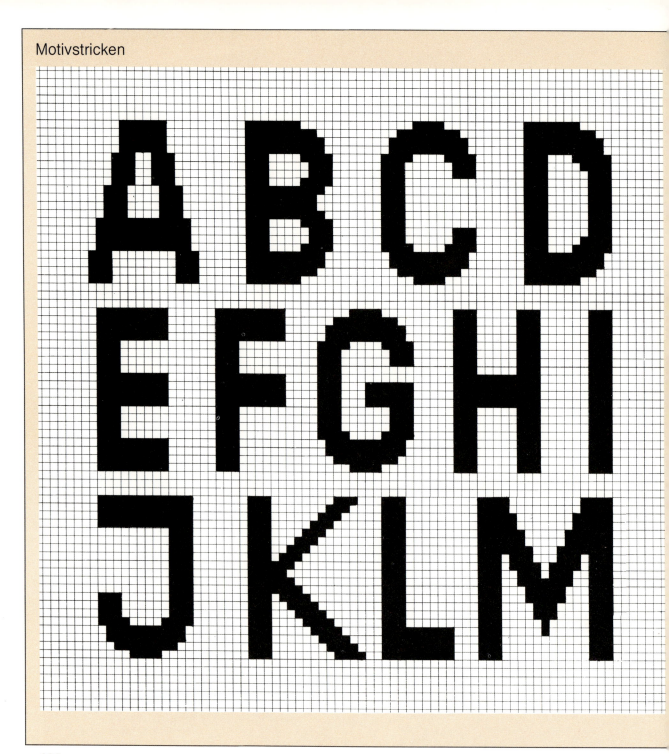

Motivstricken

167

Motivstricken

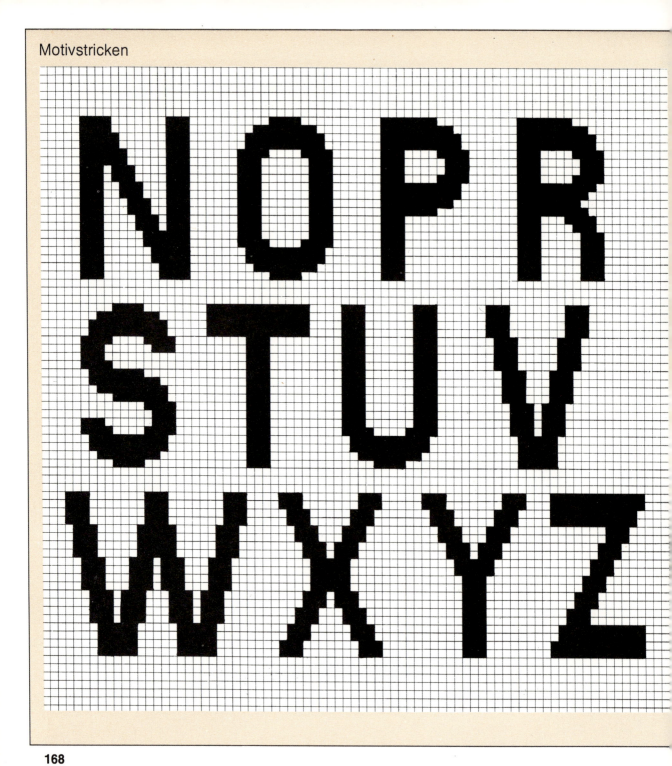

Buntstricken

169

Buntstricken

Soll die nächste Reihe in einer anderen Farbe gestrickt werden, so wird der neue Faden bereits in der letzten Masche mitgestrickt.

Nun kann nach dem Wenden der Strickarbeit mit der neuen Farbe weitergestrickt werden.

Genauso verfährt man, wenn wieder mit der ersten oder einer weiteren Farbe gestrickt werden soll.

Vorderseite

Rückseite

Buntstricken

Gestalten durch Rhythmus

Gestalten durch Farbe

Gestalten durch Material

Buntstricken

Beim Wechsel der Farben innerhalb einer Reihe werden die Maschen in der jeweils gewünschten Farbe gestrickt.

In der Rückreihe bei jedem Farbwechsel die Fäden kreuzen, so daß die folgende Farbe oben liegt.

Damit die loseführenden Fäden nicht zu straff angezogen werden, sollen sie in kurzen Abständen gekreuzt werden.

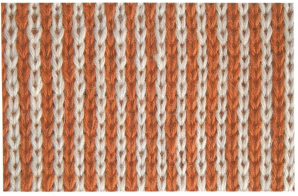
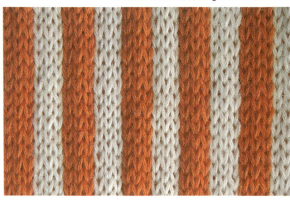
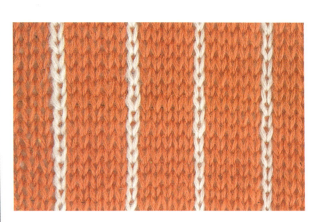

172

Buntstricken

173

Buntstricken

Buntstricken

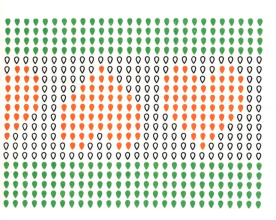 

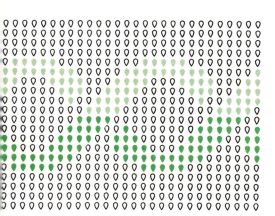 

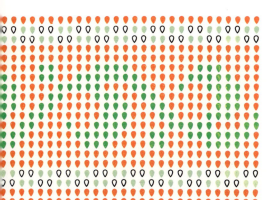 

Buntstricken

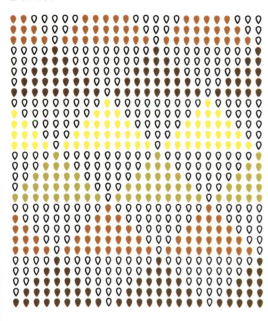

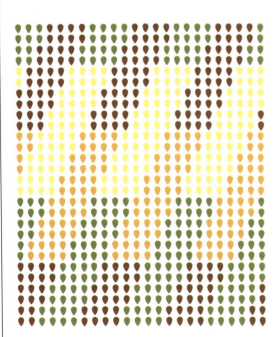

Buntstricken

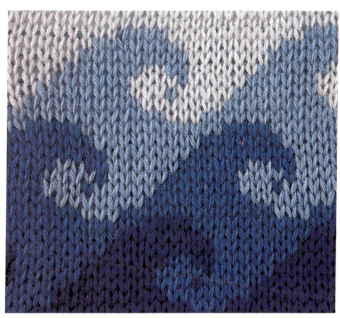
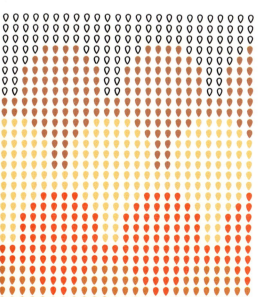

Buntstricken

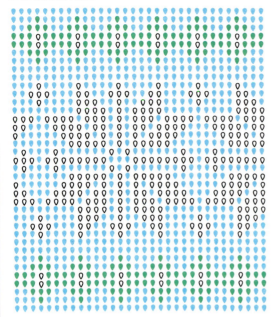

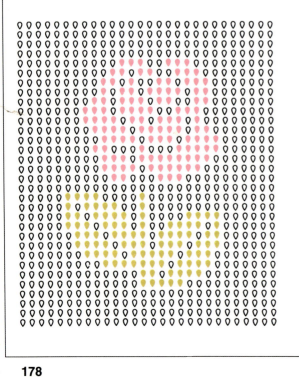

Buntstricken

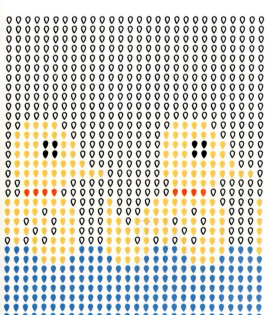

179

Buntstricken

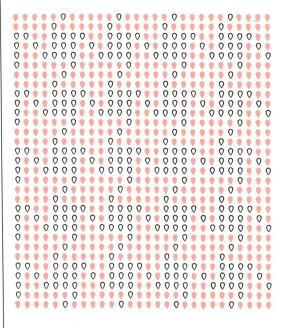
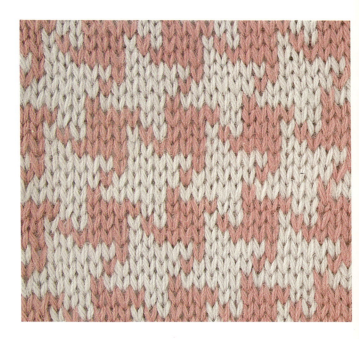
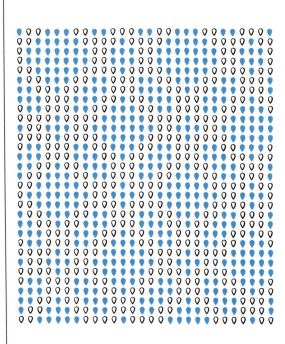

Buntstricken

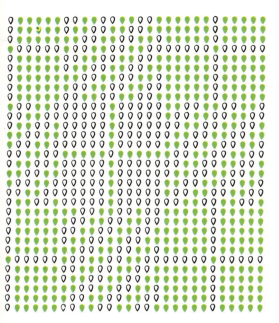

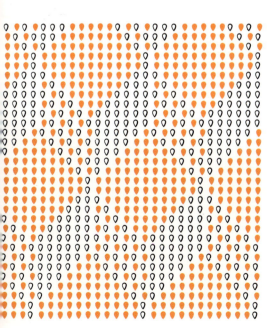

181

Buntstricken

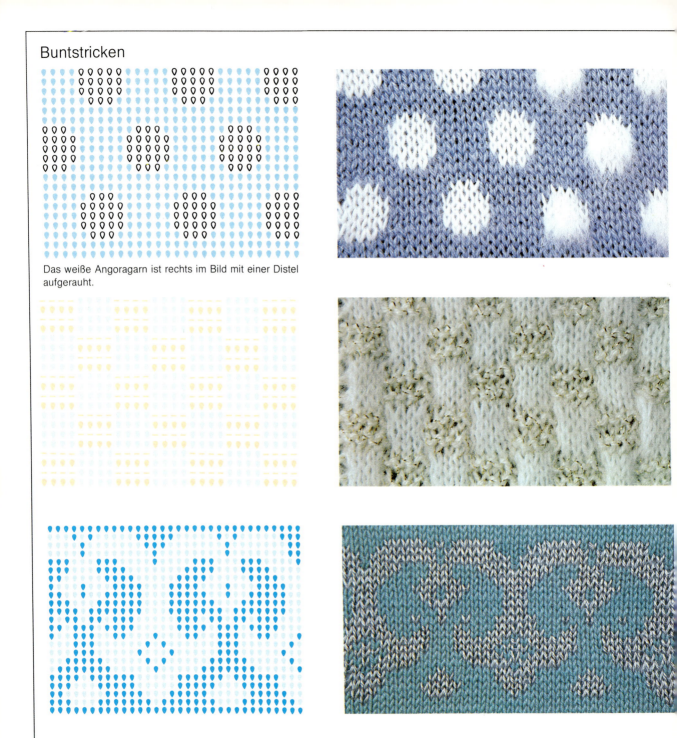

Das weiße Angoragarn ist rechts im Bild mit einer Distel aufgerauht.

Buntstricken

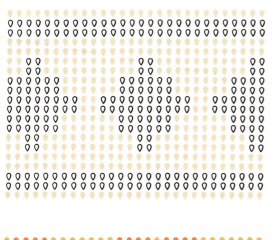 

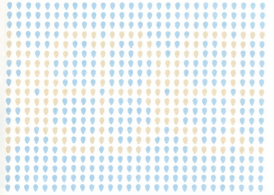 

183

Buntstricken

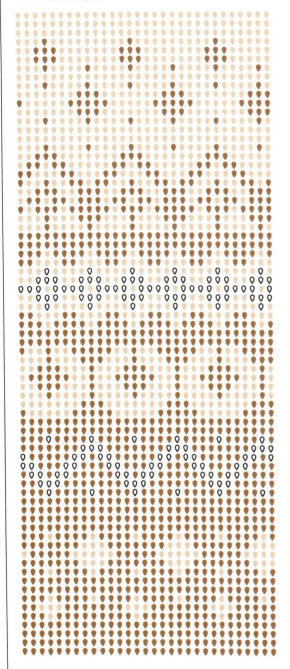

Buntstricken

Buntstricken

Stoßen größere Farbflächen aneinander, so wird bei dem Farbwechsel der 1. Faden nicht weiter mitgeführt. Die Fäden werden gekreuzt, und man strickt mit der neuen Farbe weiter. Ebenso wird bei der Rückreihe verfahren. Letzte und 1. Masche beim Farbwechsel etwas straffer anziehen.

Auf diese Art können Farbflächen jeder gewünschten Form aneinandergestrickt werden, von einfachen Flächenteilungen bis zu Bildmotiven.

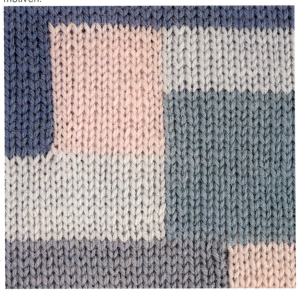

Buntstricken

Buntstricken

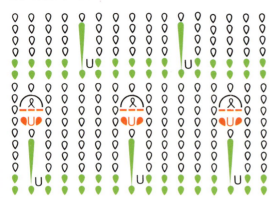

Die letzte Phase der Blume wird in der Grundfarbe gestrickt. Die 3 Maschen rechts verschränkt zusammenstricken.

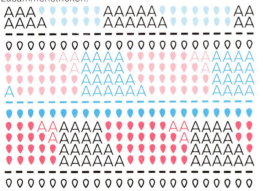

3 Maschen rechts verschränkt zusammenstricken, dabei die Maschen auf der linken Nadel lassen, 1 Umschlag, 1 Masche rechts verschränkt herausstricken.

Buntstricken

Abschluß der Reihe	Mustersatz	Anfang

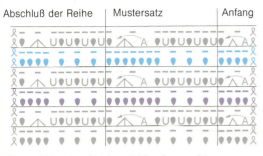

↗︎A 1 Masche abheben, 2 Maschen rechts zusammenstricken, die abgehobene Masche überziehen.

↗︎A 2 Maschen abheben, 3 Maschen rechts zusammenstricken, die abgehobene Masche überziehen.

↑ 3 Maschen rechts zusammenstricken.

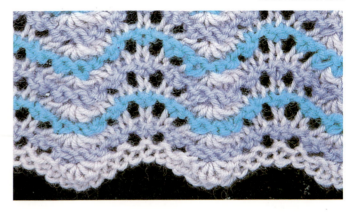

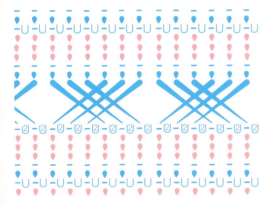

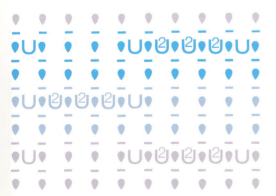

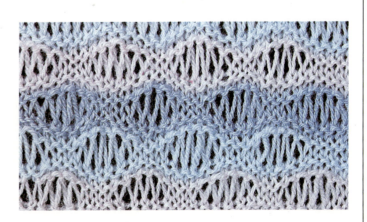

189

Buntstricken

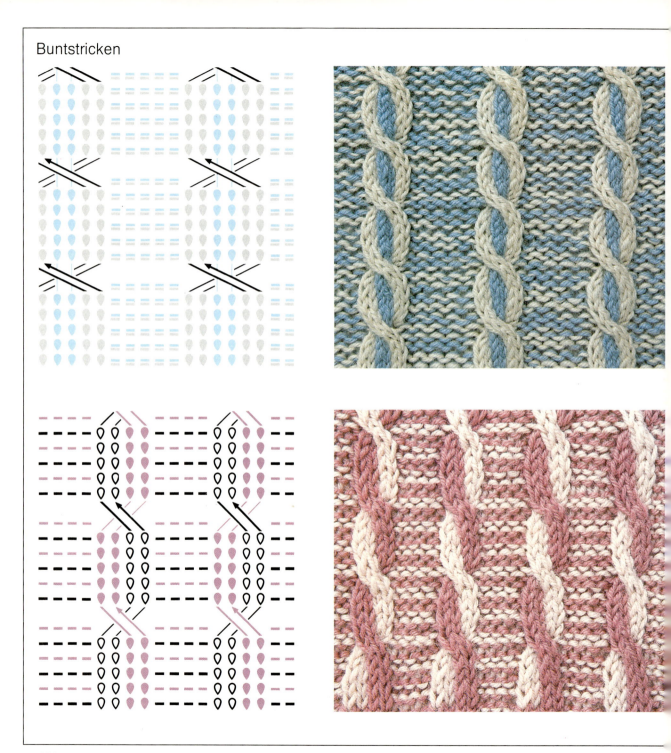

Buntstricken

Buntstricken

Mit der 2. Farbe 1 Masche rechts stricken. Die nächste Masche der 1. Farbe links abheben.

Die Rückreihe ebenso stricken. Beim Abheben liegt der Faden vor der Nadel.

In der folgenden Reihe die Masche der 1. Farbe rechts stricken. Die Masche der 2. Farbe abheben.

Die Rückreihe ebenso stricken. Beim Abheben liegt der Faden wieder vor der Nadel.

Dieses Muster zieht sich sehr zusammen.

Für die krausen Reihen wurden Nadeln Nr. 3½ und für das Perlmuster Nadeln Nr. 4½ verwendet.

Buntstricken

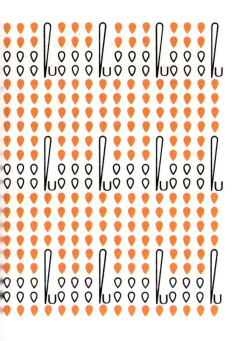

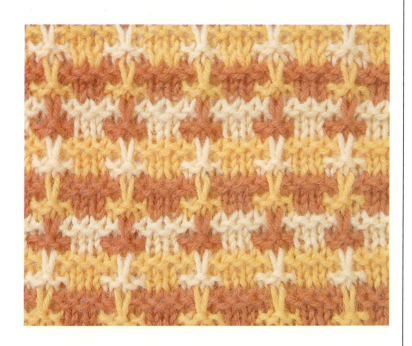

193

Buntstricken

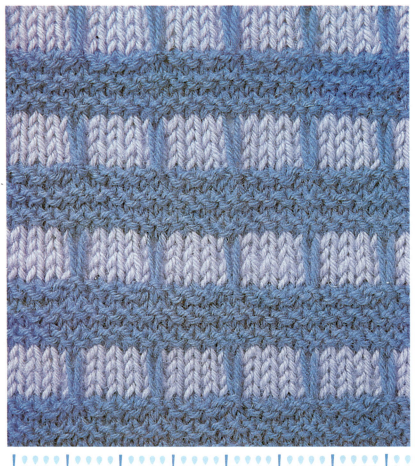

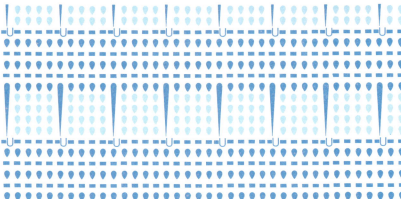

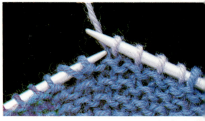

Mit der 2. Farbe 4 Maschen rechts stricken, die Masche mit dem Umschlag abheben.

In der Rückreihe die Nadel von hinten in die rechte Masche einstechen, waagerecht auffassen und den Umschlag fallen lassen.

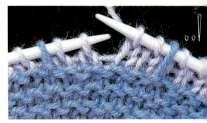

In den nächsten beiden Reihen die gezogene Masche jedesmal links abheben.

Mit der 1. Farbe alle Maschen wieder recht stricken, auch die hochgezogenen.

Buntstricken

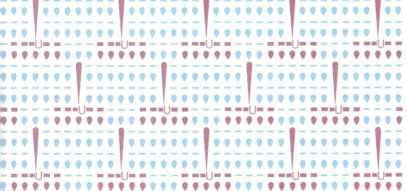

Mit der 2. Farbe 5 Maschen und mit der 1. Farbe 3 Maschen rechts stricken.

In der Rückreihe mit der 1. Farbe 3 Maschen rechts stricken. Mit der 2. Farbe 2 Maschen rechts, 1 Umschlag, 1 Masche abheben, 2 Maschen rechts stricken.

In der nächsten Reihe mit der 1. Farbe 7 Maschen rechts stricken, den Umschlag fallen lassen und die Masche hochziehen. In den folgenden 3 Reihen die Masche der 2. Farbe immer abheben und hochziehen.

5 Maschen mit der 2. Farbe und 3 Maschen mit der 1. Farbe stricken. Die hochgezogene Masche wird dabei abgestrickt.

Buntsticken

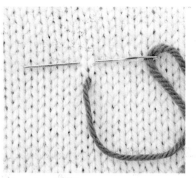

Maschenstich. Die Nadel von hinten in die Mitte der rechten Masche einstechen und waagerecht auffassen.

Wieder genau in die Mitte der Masche einstechen und waagerecht in der Mitte der nächsten Masche herauskommen.

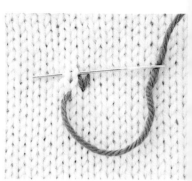

Den Faden durchziehen und die nächste Masche waagerecht auffassen.

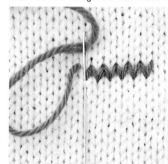

Für die folgende Reihe senkrecht nach unten stechen, in der Mitte der darunterliegenden Masche herauskommen.

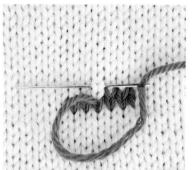

Dann die Arbeit um 180 Grad drehen und weiter von rechts nach links sticken.

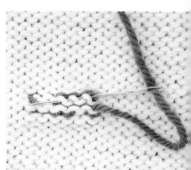

Beim Vernähen auf der Rückseite vorsichtig nur die obere Schlinge der linken Masche aufnehmen.

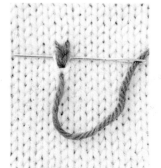

Bei senkrechten Reihen wird die 1. Masche wie bei der waagerechten Reihe gebildet.

Für die nächste Masche senkrecht nach unten stechen und in der Mitte der darunterliegenden Masche herauskommen.

Bei diagonalen Maschenstichreihen wird die Nadel nach oben und unten schräg geführt.

Der Faden darf dabei nie zu stark angespannt werden, damit die Strickerei nicht zusammengezogen wird.

Buntsticken

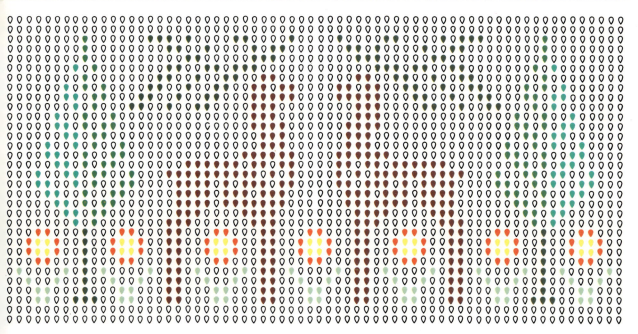

Buntsticken

Kreuzstich

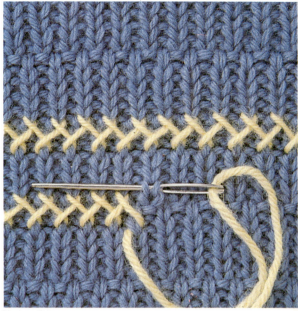

Hexenstich

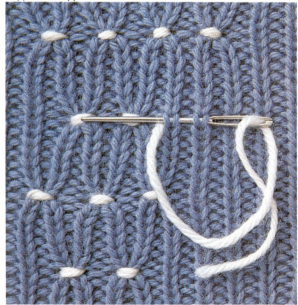

Doppelter Steppstich für Smokeffekte

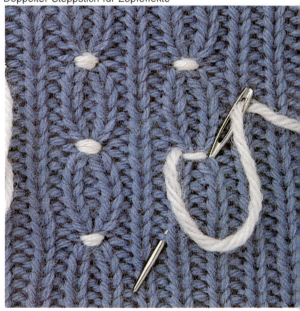

Doppelter Steppstich für Zopfeffekte

Buntsticken

Mit einfachen Zierstichen lassen sich auf Strickarbeiten dekorative Verzierungen gestalten: kleine Bordüren, Smokeffekte oder Blümchen. Dabei können Muster in der Strickarbeit geschickt genutzt werden.

Maschenstich

Schlingstich, Margeritenstich

Buntsticken

Für Durchzugmuster oder Ajoureffekte läßt man 1 oder 2 Maschen fallen (Vorsicht! Der entstehende Zwischenraum ist wesentlich breiter als die Masche).
Die Strickerei wird ordentlicher und wesentlich erleichtert, wenn man sie aufspannt. Es genügt, sie auf einen Karton zu heften. Beim Sticken immer darauf achten, daß der Faden nicht zu stramm gespannt wird, so daß die Strickerei nicht zusammengezogen wird.

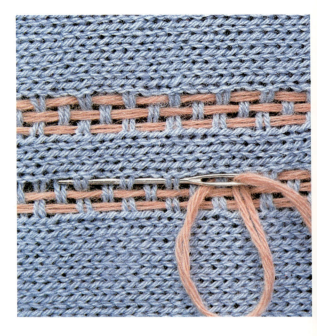

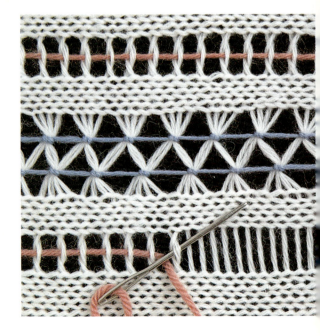

Stricken nach Schnitt

Nach einem Schnitt zu stricken ist gar nicht so schwer, wie es dem Ungeübten erscheinen mag. Und weiß man erst, worauf zu achten ist, kann man sich getrost an die Arbeit wagen.
Jahr für Jahr werden neue Modelle entworfen, denn auch die Strickarbeit geht mit der Mode. Freilich gibt es »Grundschnitte«, aber das gewisse Etwas liegt doch im modischen Detail.

Schon daher lohnt es sich zu lernen, wie man nach einem Schnitt mit den eigenen Maßen arbeiten kann.
Auf den folgenden Seiten wird Schritt für Schritt gezeigt, wie man einen Grundschnitt erstellt, modische Modellschnitte überträgt, um so zu einem individuellen Maßschnitt zu gelangen, und wie man die Formen der Schnitteile strickt.

Stricken nach Schnitt, Maßnehmen

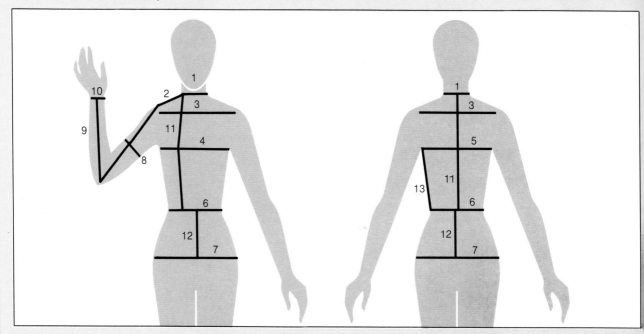

Genaues Maßnehmen ist die Voraussetzung für einen passenden Schnitt. Um das Maßband genau anlegen zu können, empfiehlt es sich, zum Maßnehmen ein eng anliegendes Trikot anzuziehen. Die Ausgangs- und Endpunkte können so mit Stecknadeln gekennzeichnet werden. Die Taille wird mit einem dünnen Gürtel oder Band markiert.
Das Maßband soll beim Messen anliegen, aber nie einschnüren.

1 Halsweite:
Das Maßband wird rund um den Hals gelegt und von Halsgrube zu Halsgrube gemessen.

2 Schulterbreite:
Die Schulterbreite mißt man vom Halsansatz bis zur Oberarmkugel.

3 Obere Brust- und Rückenbreite:
Man mißt vom linken zum rechten Ansatz der Oberarme (Ärmelnaht).

4 Oberweite Brust:
Das Maßband wird von Achselhöhle zu Achselhöhle über die höchste Stelle der Brust gelegt.

5 Oberweite Rücken:
Gemessen wird von Achselhöhle zu Achselhöhle über die Schulterblätter.

6 Taillenweite:
Das Maßband wird glatt um die Taille gelegt.

7 Hüftweite:
Das Maßband um den Körper über die stärkste Stelle der Hüften legen.

8 Armweite:
Das Maßband locker über den Oberarm legen.

9 Armlänge:
Die Armlänge von der Oberarmkugel über den leicht gebeugten Ellbogen bis zum Handgelenk messen.

10 Handgelenkweite:
Das Maßband locker über die Handgelenkknochen legen.

11 Taillenlänge:
Das Maßband an der höchsten Stelle der Schulter anlegen und über die höchste Stelle der Brust (eventuell auch Brusttiefe festhalten) bis zur Taille messen. Im Rücken vom untersten Halswirbel bis zur Taille messen.

12 Hüftlänge:
Von der Taille bis zur gewünschten Länge des Strickstückes messen.

13 Armausschnitttiefe:
Von der Taille bis zur Achsel messen.

Stricken nach Schnitt, Grundschnitt

Zunächst soll das Maßnehmen die Möglichkeit geben zu überprüfen, ob ein vorhandener Schnitt mit den persönlichen Maßen übereinstimmt oder kleiner Korrekturen bedarf. Doch läßt sich mit den gefundenen Maßen auch leicht ein Grundschnitt anfertigen.

Zunächst wird ein Rechteck gezeichnet:
A–A1 = ½ Oberweite Brust und Rücken (Vorder- und Rückenteil sind symmetrisch, und es wird zunächst jeweils nur die Hälfte dieser Teile gezeichnet).
A–B = Taillenlänge und Hüftlänge.
Das Rechteck wird waagerecht geteilt mit zwei Hilfslinien:
A–E = Taillenlänge,
E–D = Armausschnittiefe.
Senkrecht wird das Rechteck bei C geteilt:
A–C = ½ Oberweite Brust,
C–A1 = ½ Oberweite Rücken.
Nun können die verbleibenden Markierungspunkte leicht eingezeichnet werden:
A–G + A1–G1 = je ¼ der Halsweite,
G–F + G1–F1 = je die Schulterbreite.
(Zur Kontrolle: A–F = ½ obere Brustbreite, A1–F1 = ½ obere Rückenbreite.)
F–K + F1–K1 = 1–3 cm je nach Schulterschräge.
A–H = Halsausschnitt vorne je nach Wunsch.
A–H1 = Halsausschnitt hinten je nach Wunsch.
F–C = L–M; L ist der Beginn der Achselrundung.
E–N + E1–N1 = je ½ der Taillenweite.

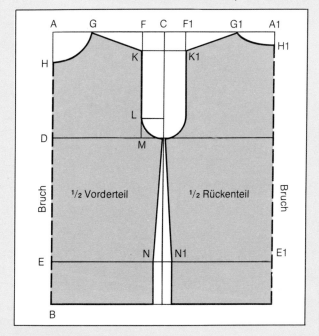

Bitte beachten, daß dieser Schnitt eine enganliegende Strickarbeit ergeben würde. Da jedoch meist ein lockerer, salopper Schnitt bevorzugt wird, muß in der Weite (Bruchlinie) entsprechend zugegeben werden, beim halben Vorder- beziehungsweise Rückenteil etwa 1 cm. Ein vorhandenes, gut passendes Strickstück kann zur Hilfe nachgemessen werden.

Für den halben Ärmel zeichnet man zunächst ein Rechteck: die Breite = ½ Oberarmweite, die Höhe = Armlänge. Unten wird nun die halbe Handgelenkweite vom Bruch aus eingezeichnet. Um die Höhe der Armkugel festzulegen, benötigt man noch ein Maß: Unmittelbar unter der Achsel wird ein Band um den Oberarm gebunden. Von diesem Band aus mißt man bis zur unteren Schulterbreite (Schulternaht). Diese Armkugelhöhe wird nun von oben her in das Rechteck eingetragen. Als Hilfslinie für die Kurve zieht man eine Diagonale, die man in drei gleiche Teile teilt (a, b, c, d). Die Kurve beginnt nun waagerecht bei a, schneidet die Diagonale bei c und endet waagerecht bei d. Der Abstand von der Diagonale ist über b ungefähr doppelt so hoch wie zwischen c und d.
Sollen die Ärmel nicht enganliegen, gibt man in der Weite (Bruchlinie) etwa ½ bis 1 cm zu.

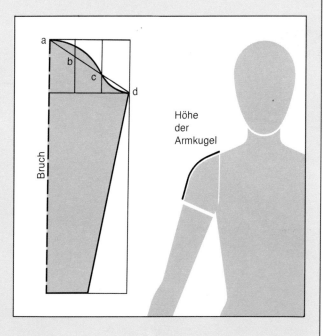

Stricken nach Schnitt, Grundschnitt, Maßschnitt

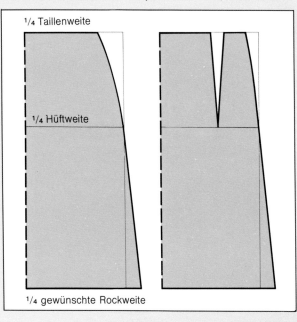

¼ Taillenweite
¼ Hüftweite
¼ gewünschte Rockweite

Für den Rockschnitt benötigt man die Taillenweite, die Hüftweite, die Hüftlänge, die gewünschte Rocklänge und Rockweite. Zunächst zeichnet man ein Rechteck: Breite = halbe Hüftweite, Höhe = Rocklänge. Von oben her wird nun die Hüftlänge eingetragen, am oberen Rand die halbe Taillenweite. An der Unterkante des Schnittes trägt man nun noch die gewünschte Rockweite ein und hat so alle nötigen Maße. Die Punkte werden durch Linien miteinander verbunden.

Ist zwischen Taillenweite und Hüftweite ein zu großer Unterschied, sollte man die abzunehmenden Maschen nicht nur an der Seite abnehmen, sondern auch zusätzliche Abnäher vorsehen. Das Taillenmaß erweitert sich auf dem Schnitt dann um die Abnäherbreite.

Zur Kontrolle des Grundschnittes wäre es vorteilhaft, einen gut sitzenden, engen Rock auszumessen und diese Maße mit den Grundschnittmaßen zu vergleichen.

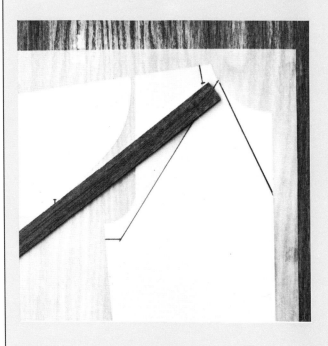

Der nach persönlichen Maßen erstellte »Grundschnitt« ist für eine gute Paßform unbedingt erforderlich. Er kann immer wieder verwendet werden, solange die Figur sich nicht ändert. Legt man auf diesen Schnitt ein transparentes Papier, so können die gewünschten klassischen Schnittformen oder modische Details aus jedem beliebigen »Modellschnitt« übertragen werden. Das Ergebnis ist dann ein individueller »Maßschnitt«. Die Skizze zeigt dies am Beispiel eines Raglanärmels und an einem V-Ausschnitt.

Die bei einem Modell beabsichtigten Überweiten müssen entsprechend zugegeben werden. Auch ist zu beachten, daß eine Veränderung des Armausschnittes eine Veränderung der Armkugel bedingt.

Stricken nach Schnitt, Schnittkorrektur, Muster

Hat man einen Schnitt, der nicht ganz den persönlichen Maßen entspricht, muß er entsprechend verändert werden. Die richtigen Maße dürfen nicht einfach oben oder seitlich zugegeben werden. Bei gleichmäßiger Vergrößerung oder Verkleinerung wird der halbe Schnitt des Vorder- oder Rückenteils senkrecht in der Mitte geteilt, waagerecht in Höhe des Oberarms und unter der Brust beziehungsweise der Schulterblätter und der ganze Ärmelschnitt einmal senkrecht in der Mitte, waagerecht in der Armkugel und etwa in Ellbogenhöhe. Nun kann der Schnitt den Maßen entsprechend etwas auseinandergeschoben oder zusammengeschoben werden.
Der Unterschied in den Maßen sollte jedoch nicht zu groß sein, da sonst eine gute Paßform nicht mehr sicher wäre.
Oft muß der Schnitt nur an einzelnen Punkten verändert werden, beispielsweise bei stärkeren Oberarmen, größerer Oberweite, kürzerem Oberkörper usw.
In diesen Fällen zeigen die Skizzen, wie es gemacht wird.

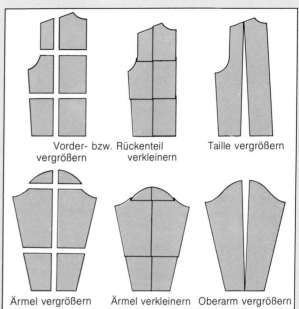

Vorder- bzw. Rückenteil vergrößern   Rückenteil verkleinern   Taille vergrößern

Ärmel vergrößern   Ärmel verkleinern   Oberarm vergrößern

Ist der Maßschnitt angefertigt, so können in diesem Schnitt alle Arbeitsangaben eingetragen werden, wie das auf den folgenden Seiten beschrieben wird.
Aber auch die Mustereinteilung kann mit Hilfe des Schnittes genau festgelegt werden. Je kleiner ein Muster, um so unproblematischer ist die Einteilung. Je mehr Maschen und Reihen jedoch ein Mustersatz hat, um so genauer muß die Einteilung überlegt werden. Nach Möglichkeit sollte die angeschlagene Maschenzahl durch den Mustersatz teilbar sein. Bei kleinen Mustern kann sogar die Maschenzahl entsprechend aufgerundet werden.
Bei großen Mustern beginnt man mit der Einteilung in der Mitte des Strickstückes. Am Rand wird das Muster je nach Form angeschnitten, ebenso am Halsausschnitt und an den Armausschnitten. Überall, wo der Mustersatz nicht vollständig gestrickt werden kann, muß man besonders darauf achten, daß nach dem Wenden die richtigen Maschen des Mustersatzes übereinanderliegen.

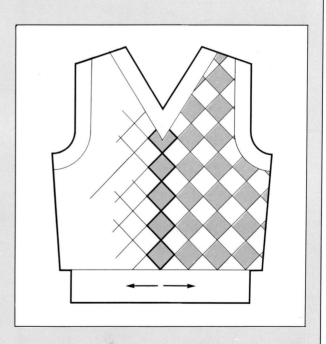

Stricken nach Schnitt, Maschenprobe

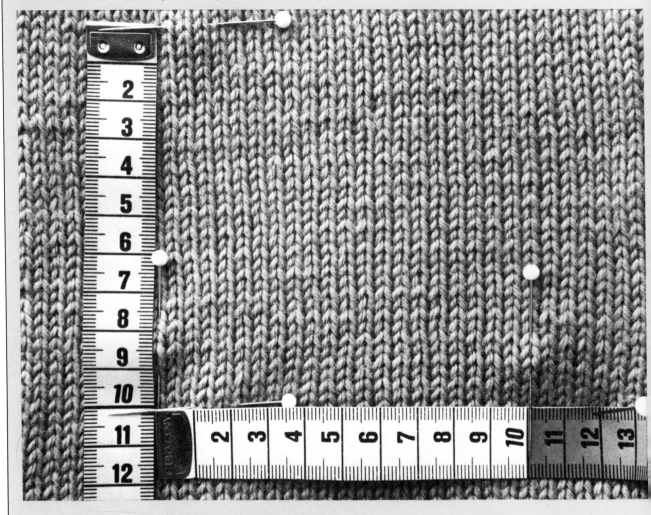

Steht der Schnitt fest, ist die Wolle und das Strickmuster gewählt, so taucht das Problem auf: wieviele Maschen sollen angeschlagen werden, wieviele Reihen müssen gestrickt werden.
Hier gibt die »Maschenprobe« zuverlässig Auskunft. Selbst wenn in einer Strickvorlage alle Angaben in Maschen und Reihen gemacht werden, ist die Maschenprobe unerläßlich, denn jeder strickt ein bißchen anders, fester oder lockerer. Auch jedes Muster kann die Maschenzahl verändern.
Mit der gewählten Wolle wird in dem gewünschten Muster ein kleiner Fleck gestrickt, etwas größer als 10 cm.
Nun kann ausgezählt werden, wieviele Maschen für 10 cm benötigt werden. Genauso zählt man aus, wieviele Reihen für 10 cm erforderlich sind.
Alle waagerechten Maße können so auf Maschenzahl, alle senkrechten Maße auf Reihenzahl umgerechnet werden. Entfallen zum Beispiel auf 10 cm 21 Maschen, so ergibt das pro Zentimeter 2,1 Maschen. Mit dieser Zahl werden nun alle waagerechten Maße des Schnittes multipliziert. Statt Zentimeter hat man die benötigte Maschenzahl: zum Beispiel 15 cm ergeben 15 x 2,1 = 31,5 Maschen. Fallweise wird ein Auf- oder Abrunden nötig sein. Das spielt bei der Strickarbeit keine große Rolle.

Stricken nach Schnitt, Maschenprobe

Auf gleiche Art berechnet man die Reihenzahl. In den meisten Fällen werden mehr Reihen als Maschen ausgezählt, da die Maschen breiter als hoch sind. In unserem Fall zum Beispiel 34 Reihen auf 10 cm. 1 cm daher 3,4 Reihen. Alle senkrechten Maße werden also mit 3,4 multipliziert. Auf 18 cm kommen 18 x 3,4 = 61,2 Reihen. Die angefangene Reihe kann auf- oder abgerundet werden, also 61 oder 62 Reihen.

● Die Maschenprobe soll beim Auszählen der Maschen und Reihen nicht gedehnt werden. Das Auszählen muß sorgfältig erfolgen, da sich bei einer größeren Strickarbeit jeder Fehler vervielfältigt.

● Elastische Bündchen machen eine Ausnahme. Sie werden beim Zählen der Maschen etwas gedehnt. Soll das Bündchen beim Tragen ansitzen, muß es beim Zählen gedehnt werden.

● Die Maschenprobe immer in dem Muster anfertigen, in dem das Strickstück gearbeitet werden soll. Die Maschenzahl kann bei den verschiedenen Mustern sehr unterschiedlich sein. Bei gleicher Wolle und Nadelstärke zeigt das Muster oben auf 10 cm 23 Maschen, das Muster unten aber 28 Maschen, also fast um 1/4 mehr.

● Bei dem Errechnen der Maschen und Reihen nie vergessen: alle waagerechten Maße mit der Maschenzahl, alle senkrechten Maße mit der Reihenzahl multiplizieren.

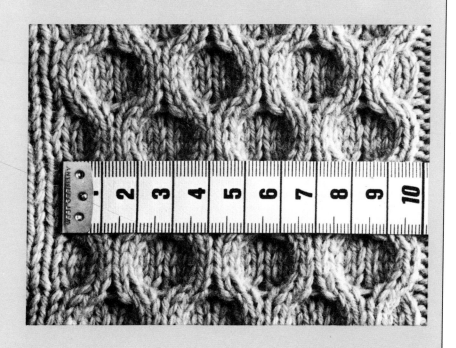

Stricken nach Schnitt, Berechnung der Maschen und Reihen

An Hand eines Schnitteiles soll noch einmal gezeigt werden, wie man von den normalerweise angegebenen Zentimetermaßen zu den erforderlichen Maschen- und Reihenzahlen kommt.

Zunächst zeichnet man sich den Schnitt nach den entsprechenden Maßen in Originalgröße. Auf diesen Schnitt trägt man dann alle errechneten Maschen- und Reihenzahlen ein.

Grundlage aller Berechnungen ist die Maschenprobe. Sie muß, wie besprochen, in der entsprechenden Wolle und in dem entsprechenden Muster angefertigt werden. In unserem Rechenbeispiel hat sich ergeben, daß auf 10 cm 21 Maschen gezählt wurden und in der Höhe 34 Reihen.

Alle waagerechten Zentimeter müssen daher mit 2,1 multipliziert werden, um die entsprechende Maschenzahl zu erhalten.
Alle senkrechten Maße mit 3,4, um die entsprechenden Reihenzahlen zu erhalten.

Zunächst also die waagerechten Zahlen:

9 x 2,1 = 18,9 = 19 Maschen,
9,5 x 2,1 = 19,95 = 20 Maschen, } zusammen 49 Maschen.
5 x 2,1 = 10,5 = 10 Maschen,

21,5 x 2,1 = 45,15 = 45 Maschen, } zusammen 49 Maschen.
2 x 2,1 = 4,2 = 4 Maschen.

Genauso verfährt man bei den senkrechten Maßen, nur darf nie vergessen werden, daß hier die ausgezählten Reihen für die Umrechnung herangezogen werden müssen!

40 x 3,4 = 136 Reihen,
26 x 3,4 = 88,4 = 89 Reihen, } zusammen 225 Reihen.

43 x 3,4 = 146,2 = 146 Reihen,
7 x 3,4 = 23,8 = 24 Reihen,
14 x 3,4 = 47,6 = 48 Reihen, } zusammen 225 Reihen.
2 x 3,4 = 6,8 = 7 Reihen.

Wie man sieht, muß fallweise auf- oder abgerundet werden. Damit dadurch nicht unterschiedliche Maschenzahlen entstehen, ist es ratsam, die sich entsprechenden Zahlengruppen miteinander zu vergleichen.

Mit den gefundenen Maschen- und Reihenzahlen kann nun auch leicht bestimmt werden, wieviele Maschen bei schräg verlaufenden Schnittkanten zu- oder abgenommen werden müssen.

So müssen beispielsweise beim spitzen Halsausschnitt auf 89 Reihen 19 Maschen abgenommen werden.
Die Reihenzahl wird durch die Maschenzahl dividiert.
89 : 19 = 4,68.

Will man den Schnitt möglichst genau nacharbeiten, müßte man in der 1. Reihe und dann in jeder 5. Reihe insgesamt 16mal abnehmen, zum Schluß in jeder 4. Reihe.

Die einfachere Lösung wäre es, mit dem Abnehmen 3 Reihen später zu beginnen und 1 Masche weniger abzunehmen. Es müßten dann auf 86 Reihen 18 Maschen abgenommen werden, also 1 Masche in der 1. Reihe und dann in jeder 5. Reihe. Der Schnitt wird durch eine solch kleine Umstellung praktisch nicht verändert.

Von der Taille zur Achsel sollen 4 Maschen auf 146 Reihen zugenommen werden. 146 : 4 = 36,5. Jede 36. Reihe kann also 1 Masche zugenommen werden.

Bei der Schulter müssen 20 Maschen in 7 Reihen abgenommen werden. Hier sind zwei Dinge zu beachten. Erstens können mehrere Maschen nur am Beginn der Reihe durch Abketten abgenommen werden. Es stehen also zum Abnehmen zunächst nur die Hälfte der Reihen zur Verfügung. Zweitens können in der letzten Reihe noch eine entsprechende Zahl Maschen stehenbleiben, da das endgültige Abketten nicht mehr als Reihe gezählt werden muß. Zum Abnehmen stehen also die halben Reihen plus dem endgültigen Abketten der letzten Maschen zur Verfügung. In unserem Beispiel: die Hälfte von 7 Reihen ergibt 3,5 Reihen, also 3 Reihen + Abketten der letzten Maschen = 4 Arbeitsgänge. 20 Maschen : 4 = 5; somit 5 Maschen in der 1., 3. und 5. Reihe abnehmen und in der 7. Reihe die letzten 5 Maschen abketten.

Eine Kurve erfordert ungleichmäßiges Abnehmen. Dies wird noch gesondert erklärt. Hier sei nur festgehalten, daß am Schnitt abgelesen werden kann, daß in 24 Reihen 10 Maschen abgenommen werden müssen.

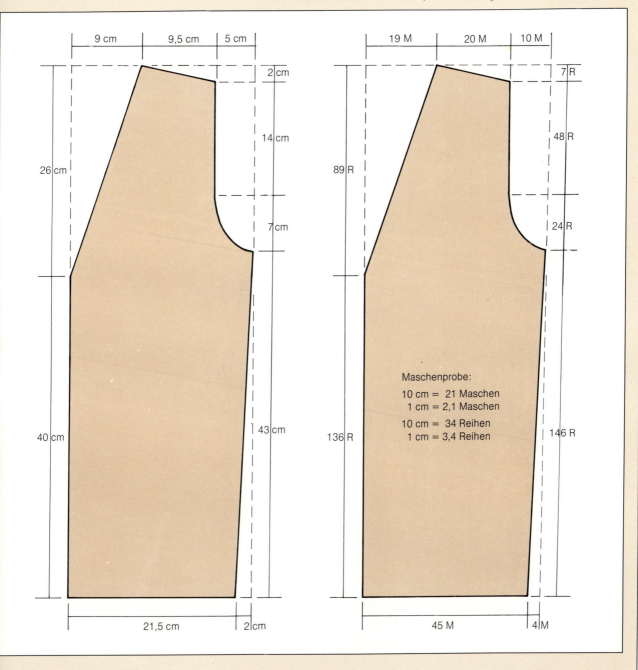

Stricken nach Schnitt, Zunehmen Außenschräge

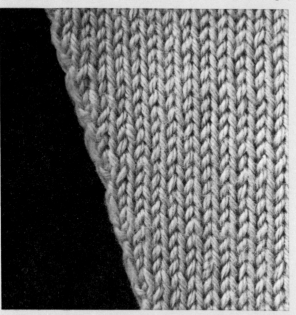

Wird ein Schnitteil nach oben gleichmäßig breiter, so daß eine schräge Kante entsteht, muß regelmäßig zugenommen werden (die Maschenzahl regelmäßig erhöht werden). Das geschieht in der Regel rechts 1 Masche nach der Randmasche, links 1 Masche vor der Randmasche. Es werden aus der 2. beziehungsweise vorletzten Masche zwei Maschen, eine Masche O und eine Masche ⅄, herausgestrickt. Wie oft dies geschehen muß, hängt von der Schräge der Kante ab. Müssen zum Beispiel auf 20 Reihen 5 Maschen zusätzlich aufgenommen werden, so muß in jeder 4. Reihe 1 Masche aufgenommen werden (20 : 5 = 4).

Rückt man das Zunehmen eine Masche nach innen, so erhält man eine nicht unterbrochene Maschenreihe, die der Kante folgt.

Stricken nach Schnitt, Abnehmen Außenschräge

Wird ein Schnitteil nach oben gleichmäßig schmaler, so muß die Maschenzahl entsprechend verringert werden. Auf der rechten Seite werden in der Regel die 2. und 3. Masche überzogen zusammengestrickt. Auf der linken Seite wird die drittletzte Masche und vorletzte Masche zusammengestrickt. Die Berechnung erfolgt wie beim Zunehmen. Reihenhöhe geteilt durch die abzunehmenden Maschen ergibt die Reihen, in denen abgenommen werden muß.

Zum Beispiel: 24 Reihen, 4 Maschen abnehmen, 24 : 4 = 6, in jeder 6. Reihe muß abgenommen werden.

Nicht immer wird die Rechnung so glatt ausgehen. Ein Beispiel: In 33 Reihen sollen 7 Maschen abgenommen werden. In jeder 5. Reihe sollte abgenommen werden. Da aber möglichst immer auf der Vorderseite abgenommen wird, nimmt man im Wechsel in jeder 4. und 6. Reihe ab.

Es kommt vor, daß das Abnehmen gleichzeitig als Schmuck verwendet wird (beispielsweise beim Raglanschnitt). Hier wird der Rand von 2–3 Maschenreihen begleitet und das Abnehmen erfolgt dementsprechend weiter innerhalb der Strickerei. Es wird also erst die 3. und 4. Masche zusammengestrickt.

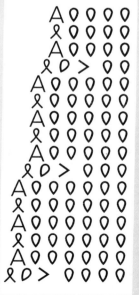

Stricken nach Schnitt, gerades Zu- und Abnehmen

Müssen am Anfang und Ende einer Reihe mehrere Maschen zugenommen werden, so werden die benötigten Maschen links mit dem Aufschlingen gebildet. Rechts werden die Maschen mit dem gestrickten Anschlag gebildet.

Müssen am Anfang einer Reihe mehrere Maschen abgenommen werden, so wird die entsprechende Anzahl abgekettet.

Stricken nach Schnitt, geteiltes Stricken

Müssen innerhalb einer Reihe Maschen abgekettet werden, wie das zum Beispiel bei einem Halsausschnitt der Fall sein kann, strickt man zunächst bis zu den abzukettenden Maschen. Nun wird die entsprechende Maschenzahl abgekettet und der linke Teil der Reihe abgestrickt.
Wenn nun auf beiden Seiten weitergestrickt werden soll, empfiehlt es sich, beide Teile auf einer Nadel zu belassen und gleichzeitig abzustricken. Dazu muß für den rechten Teil ein zusätzlicher, eigener Faden genommen werden. So kann man sicher sein, daß beide Teile gleich gestrickt werden.

Bei spitzen Ausschnitten strickt man bis in die Mitte. Nun nimmt man einen neuen Faden und strickt mit diesem die zweite Hälfte. So können beide Teile gesondert gestrickt werden, obwohl sie auf einer Nadel bleiben. Das Abnehmen berechnet man, wie schon beschrieben.

Stricken nach Schnitt, blusiges Zunehmen

Nach einem elastisch gestrickten Bündchen (2 Maschen rechts, 2 Maschen links) kann es notwendig sein, Maschen aufzunehmen. Bei vielen Schnitten wird daher der Schnitteil über dem Bund entsprechend breiter gezeichnet. Diese Maschen dürfen nicht einfach links und rechts zugefügt werden, sondern müssen möglichst gleichmäßig auf die ganze Breite der Arbeit verteilt werden.

Will man eine besonders blusige Wirkung erzielen, muß die Maschenzahl entsprechend stark erhöht werden. Hat man keine konkrete Angabe zur Hand, ist eine Probe nicht zu umgehen.

Stricken nach Schnitt, Zunehmen innerhalb der Fläche

Soll innerhalb eines Schnitteiles zugenommen werden (Brustmodellierung bei Trachtenjacken), muß zunächst festgelegt werden, bei welcher Masche das Aufnehmen erfolgen soll. Entweder berechnet man dies in gewohnter Art oder legt den Strickteil auf den Maßschnitt. (Die Maschen müssen dann auf der Nadel ganz gleichmäßig liegen.)
Nun kann das Aufnehmen entweder direkt über dieser Masche erfolgen oder man läßt 2–3 Maschen gerade weiterlaufen und nimmt links und rechts von diesen Maschen zu. Wie oft zugenommen werden muß, kann genauso berechnet werden, wie das Zunehmen an der Schrägkante.

In der Symbolschrift wurden nur die Maschen gezeichnet, die unmittelbar mit dem Zunehmen zusammenhängen. Links und rechts setzen sich die Maschen selbstverständlich fort.

Stricken nach Schnitt, Abnäher

Auch senkrechte Abnäher (zum Beispiel bei Röcken) können sofort beim Stricken eingearbeitet werden. Je nach Länge und der Breite des Abnähers werden Reihenzahl und abzunehmende Maschen festgelegt, wie beim Abnehmen an der Schrägkante. Es muß jedoch beachtet werden, daß immer links und rechts des Abnähers 1 Masche abgenommen wird, also immer 2 Maschen in einer Reihe (nicht so wie bei der Schrägkante 1 Masche).

Die Fotos und die darunter liegenden Symbolschriften zeigen verschiedene Arten des Abnehmens.

Bei dieser Art des Abnehmens ist auch die Rückseite immer ordentlich (Foto oben Mitte).

Stricken nach Schnitt, Abnäher

217

Stricken nach Schnitt, Abnäher

Auch waagerechte Abnäher können ohne Naht direkt beim Stricken gearbeitet werden.
Die Höhe des Abnehmers ist durch die Reihen, die Tiefe durch die Maschenzahl festgelegt. In unserem Beispiel ist der Abnäher 8 Reihen hoch und 20 Maschen tief. Da nur in jeder 2. Reihe abgenommen werden kann, stehen zum Abnehmen 4 Reihen zur Verfügung.
20 Maschen : 4 ergibt jeweils 5 Maschen, die abgenommen werden müssen.
Nun wird so vorgegangen: Bei der Rückreihe werden die letzten 5 Maschen nicht abgestrickt, sie bleiben auf der Nadel liegen. Die Arbeit wird gewendet und die nächste Reihe ohne diese 5 Maschen gestrickt. Bei der nächsten Rückreihe werden wieder die letzten 5 Maschen nicht abgestrickt und so fort, bis nach 8 Reihen 20 Maschen auf der linken Nadel liegenbleiben. Bei der folgenden Rückreihe werden alle liegengebliebenen Maschen abgestrickt, der Abnäher dadurch geschlossen.
Die Stellen, an denen gewendet wird, sind etwas zu sehen. Wenn das stört, kann man bei jedem Wenden zusätzlich einen Umschlag legen, der bei der letzten Rückreihe mit der folgenden Masche links verschränkt zusammengestrickt wird.

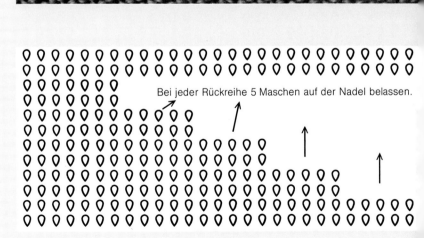

Bei jeder Rückreihe 5 Maschen auf der Nadel belassen.

Der Abnäher innerhalb eines Schnitteils wird gleich gestrickt wie der Abnäher am Rand.
Die größte Öffnung des Abnähers liegt hier allerdings in der halben Höhe.
Ist die Mitte überschritten, muß entsprechend dem Abnehmen wieder zugenommen werden.

Stricken nach Schnitt, Abnäher

Der schneidermäßige waagerechte Abnäher wird zunächst abgekettet.

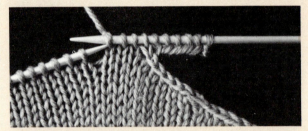

Arbeit wenden. Beim Abstricken darauf achten, daß zwischen Anschlag und Strickteil kein Loch entsteht.

Der Abnäher wird auf der Rückseite mit Steppstichen zusammengenäht.

Bei erreichter Tiefe die entsprechenden Maschen in den Rückreihen wieder aufschlingen.

Der Abnäher ist gleichmäßig gestrickt.

Der genähte Abnäher im Rechtsgrund (oben) und im Linksgrund (unten).

Stricken nach Schnitt, Abnäher

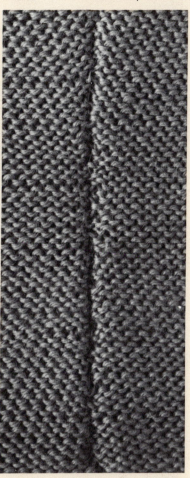

Will man die Abnäher schneidermäßig nähen, so werden Reihen- und Maschenzahl ganz gleich berechnet wie bei den gestrickten Abnähern.
Beim waagerechten Abnäher werden die abzunehmenden Maschen zunächst abgekettet und, wenn die Tiefe des Abnähers erreicht ist, wieder entsprechend mit dem Strickanschlag beziehungsweise dem Aufschlingen zugenommen.
Beim senkrechten Abnäher wird zunächst, wie beim V-Ausschnitt, die linke Seite mit einem neuen Faden gestrickt, damit beide Teile auf einer Nadel liegend gleichmäßig abgestrickt werden können. Nun wird entsprechend abgenommen und nach Erreichen der größten Breite wieder zugenommen, bis die ursprüngliche Maschenzahl erreicht ist.
Die Abnäher müssen sorgfältig gesteckt, geheftet und abgenäht werden.
Im Unterschied zum gestrickten Abnäher kann bei der Naht eventuell noch eine kleine Korrektur erfolgen. Dafür muß eine Verdickung bei der Naht in Kauf genommen werden.

Stricken nach Schnitt, Rundungen

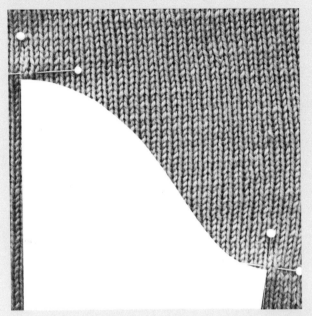

Ist ein rundes Schnitteil (Armausschnitt, Ärmel) zu stricken, kann man zunächst so verfahren, daß man die Strickarbeit immer wieder auf den Schnitt legt und abschätzt, wieviele Maschen in der nächsten Reihe abgenommen werden müssen. Man kann aber auch mit wenig Mühe auf dem Schnitt genau festlegen, wie abgenommen werden soll:
Zunächst legt man den Schnitt auf eine möglichst große, gerade gestrickte Fläche (zum Beispiel das Rückenteil). Mit Stecknadeln hält man die größte Breite und die größte Höhe der Kurve fest. Nun zählt man aus, wieviele Maschen breit und wieviele Reihen hoch die Kurve ist.
Auf einer waagerechten Linie trägt man zunächst die Maschenzahl ein. Auf einer senkrechten Linie, die zum höchsten Punkt der Kurve führt, trägt man die Reihen ein. Von hier aus kann nun an die Kurve ein Raster gezogen werden, an dem man genau ablesen kann, wieviele Maschen in der jeweiligen Reihe abgenommen werden müssen, da jedes Karo in Breite und Höhe einer Masche entspricht. Zu beachten ist, daß am Ende einer Reihe nur die beiden letzten Maschen zusammengestrickt werden können. Mehrere Maschen abketten, ist nur jeweils am Beginn einer Reihe möglich.
Man kann sich auch auf einem Stück Papier einen Raster zeichnen, der der Maschengröße entspricht. Diesen Raster legt man unter die jeweils zu bestimmende Rundung und kann nun sofort ablesen, wie abgenommen werden muß. Man muß nur darauf achten, daß die Waagerechte des Rasters mit der Waagerechten des Schnittes übereinstimmt.
Je weniger Maschen für die Kurve zur Verfügung stehen, umso ungenauer kann man der Rundung folgen (zum Beispiel bei dicker Wolle). Beim Zusammensetzen solcher Teile kann dies durch eine sorgfältige Naht ausgeglichen werden. Je mehr Maschen zur Verfügung stehen (dünne Wolle), umso genauer kann der Rundung gefolgt werden.

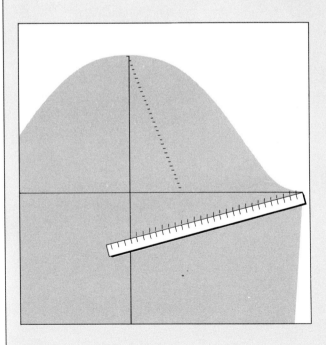

Stricken nach Schnitt, Rundungen

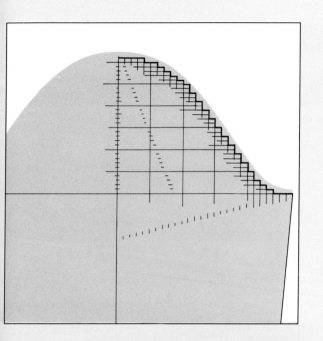
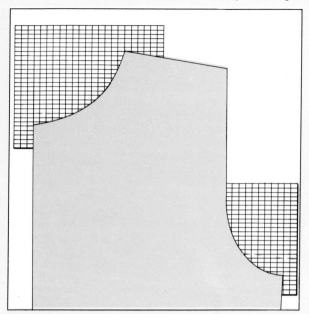
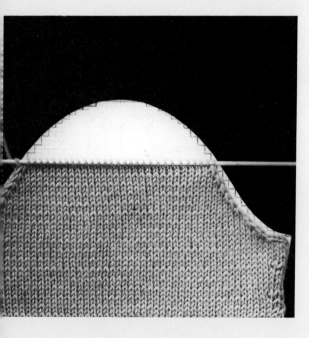
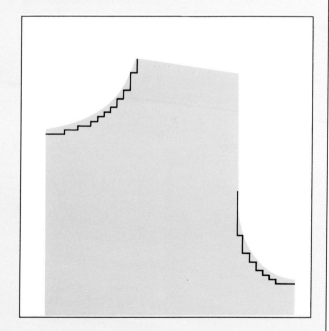

Stricken nach Schnitt, Ärmel

1 Ärmel können von oben oder von unten gestrickt werden. Der eingesetzte Ärmel wird hier von oben nach unten gestrickt. Um einen glatten Armkugelrand zu bekommen, wird die errechnete Maschenzahl der oberen Ärmelweite auf einmal angeschlagen. Die Mitte der Maschenzahl kennzeichnet man mit einem Faden.

2 Die Kugel nach dem Schnitt stricken. Die obersten Maschen, die sonst bei der umgekehrten Strickweise als letztes abgekettet werden, links und rechts der Mitte auszählen und mit neuem Faden abstricken.

3 Die Arbeit wenden, die Maschen abstricken und am Ende der Rückreihe soviele Maschen vom Anschlag dazustricken, wie nach dem Schnitt erforderlich sind.

4 In dieser Weise solange stricken, bis alle Anschlagmaschen verbraucht sind.

5 Dann die Maschen der Kugel auf 4 Nadeln verteilen und zur Runde schließen.

6 Für die Abnahmen des Ärmels am Ende der 4. Nadel die 2. und 3. Masche überzogen zusammenstricken und am Anfang der 1. Nadel die 2. und 3. Masche rechts zusammenstricken.

7 Das Ärmelbündchen wird in der Runde kraus gestrickt, deshalb muß 1 Runde links und 1 Runde rechts im Wechsel gestrickt werden. Kettet man die Maschen von innen ab, erscheinen diese nach außen als Linksrand.

Stricken nach Schnitt, Ärmel

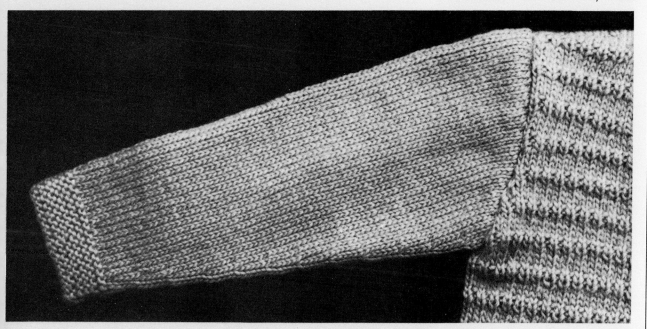

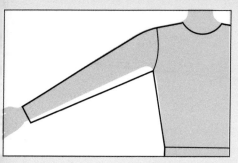
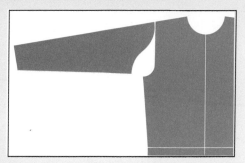

Vom Grundschnitt ausgehend, können die verschiedensten Ärmelvariationen entwickelt werden. Man muß nur immer darauf achten, daß jede Veränderung bei der Armkugel auch eine Veränderung beim Armausschnitt bedingt.

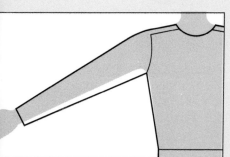
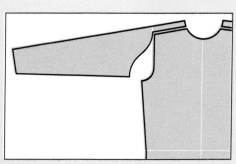

Möchte man zum Beispiel eine Schulterpasse stricken, so kann diese sofort an den Ärmel gestrickt werden. Die Breite der Passe muß dann, je zur Hälfte vom Vorder- und Rückenteil abgezogen werden.

Stricken nach Schnitt, Ärmel

Der Raglan zeichnet sich durch eine besonders gute Paßform aus. Hat man einen genauen Schnitt, so ist ein Nacharbeiten ohne Schwierigkeiten möglich, da ja nur gleichmäßige Schrägen gearbeitet werden müssen.

Der Raglanärmel läßt sich aufgrund weniger Maße berechnen. Ausgangszahl ist die obere Ärmelweite. Diese ist durch die Breite des Vorder- beziehungsweise Rückenteils gegeben: Es muß lediglich der halbe Halsumfang minus 5 cm abgezogen werden. Der Halsausschnitt wird durch je 5 cm von den Ärmeln gebildet. Die Differenz der Bündchenmaschen zu den Maschen der Ärmelweite gibt die Zahl der unteren Ärmelschrägen bis zum Armausschnitt.

Wird der Ärmel von unten her gestrickt, entstehen die unteren Schrägen durch Zunahmen. Die Länge des Unterarms (Reihen) dividiert durch die zuzunehmenden Maschen ergibt die Zunahmereihen. Für den Armausschnitt rechts und links wie beim Vorder- und Rückenteil je 2 bis 3 cm abketten. Die jetzt auf der Nadel befindlichen Maschen müssen in der Höhe den Reihen entsprechen. Deshalb an dieser Arbeitsstelle noch einmal kontrollieren. Dann gleichmäßig nach oben abnehmen, und zwar nach beziehungsweise vor den Randmaschen.

Zum Schluß 5 cm abketten. Grundschnitt des Raglans, so wie er oben ausführlich beschrieben wurde.

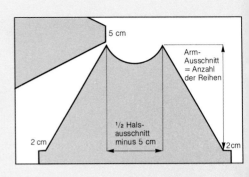

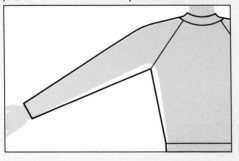
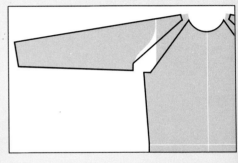

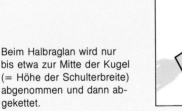

Beim Halbraglan wird nur bis etwa zur Mitte der Kugel (= Höhe der Schulterbreite) abgenommen und dann abgekettet.

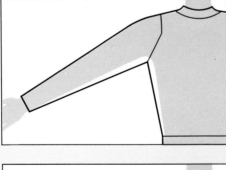

Bei dieser Raglanvariante wird der Ärmel bis zur halben Schulter gestrickt und endet in einer Spitze. Dementsprechend ist auch bei Vorder- und Rückenteil die Schräge steiler, und es muß hier die halbe Schulter gestrickt werden.

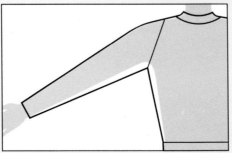
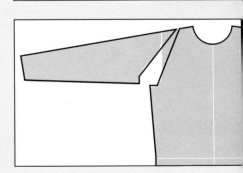

Stricken nach Schnitt, Ärmel

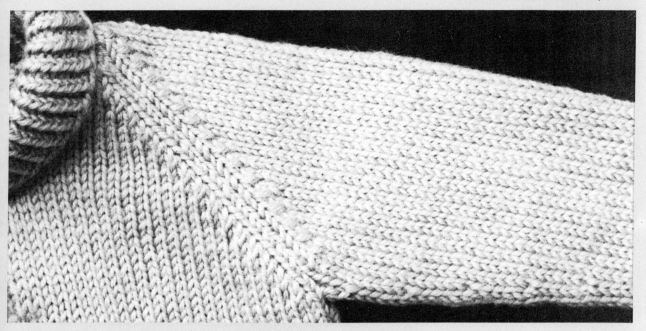

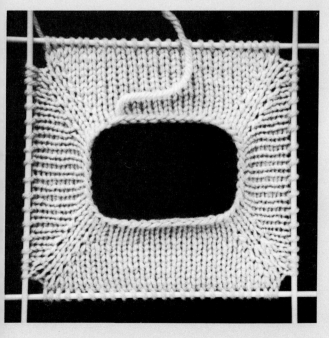

Wird der Raglan von oben her gestrickt, entstehen die Schrägen durch Zunehmen. Diese Strickweise hat den Vorteil, daß der Ärmel nachträglich problemlos verlängert werden kann, was bei Kinderkleidung öfter erforderlich ist.

Nun gibt es noch 2 Möglichkeiten, den Raglan nahtlos zu stricken:

1 Das Vorderteil, das Rückenteil und die Ärmel werden bis zum Armausschnitt nach dem seitlichen Abketten separat gestrickt. Dann nimmt man alle Maschen dieser Strickteile auf eine Rundnadel und strickt den Pullover bis zum Halsausschnitt in Runden. Zwischen den Abnahmen liegen je 1 oder 2 Maschen.

2 Der ganze Pullover wird von oben her rund gestrickt. Man schlägt die Maschen des Halsausschnittes an, verteilt diese entsprechend der Strickteile auf 4 Nadeln und schließt zur Runde. (Es ist zu bedenken, daß der Halsausschnitt bei dieser Strickweise nicht rund, sondern gerade wird.) Die Armschrägen entstehen hier durch Zunehmen.
Bei steigender Maschenzahl wird das Nadelspiel durch eine Rundnadel ersetzt. Die Länge der Rundnadel ist immer der Pulloverweite anzupassen. Ab dem Armausschnitt werden die Ärmel mit einem Nadelspiel separat fertig gestrickt.

Stricken nach Schnitt, Ärmel

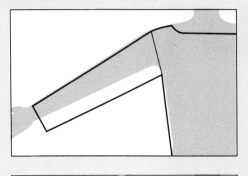
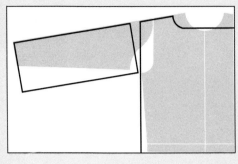

Ein gerade gestrickter Ärmel ist nur bei einem saloppen Strickstück passend. Ärmel und Körperteil sollten weit gearbeitet werden.

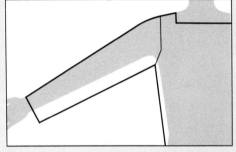
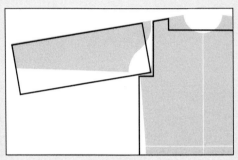

Der gerade Ärmel kann auch etwas in das Vorder- und das Rückenteil hineingehen.

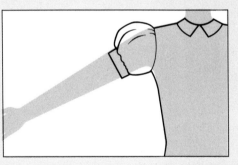
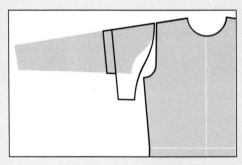

Bei dem Puffärmel wird der Ärmel sehr erweitert, das Armloch bleibt wie beim Grundschnitt.

Die große Weite wird unten mit einem Bündchen zusammengefaßt und oben gerafft eingenäht. In der Achsel sollte der Ärmel glatt sein.

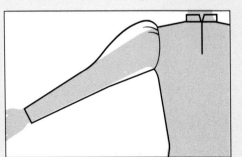
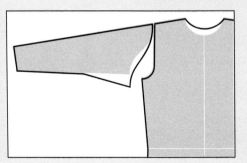

Beim Keulenärmel wird nur der obere Ärmel erweitert, und zwar ungefähr vom Ellbogen an. Der Unterarm wird eng anliegend gestrickt. Auch hier die Weite vor allem an der Schulter anordnen.

Stricken nach Schnitt, Ärmel

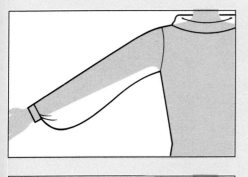
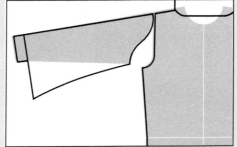
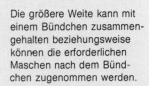

Soll der Ärmel nach unten weiter werden, so muß der Schnitt entsprechend geändert werden.

Die größere Weite kann mit einem Bündchen zusammengehalten beziehungsweise können die erforderlichen Maschen nach dem Bündchen zugenommen werden.

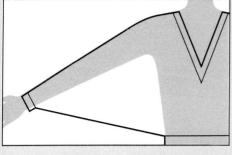
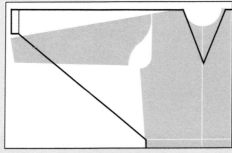

Beim Fledermausärmel wird vom Bund weg gleichmäßig bis zum Bündchen des Ärmels zugenommen (bei waagerecht gestrecktem Arm).

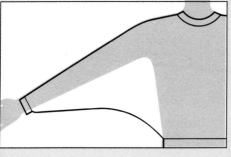
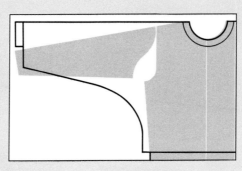

Der Fledermausärmel und der unten abgebildete Kimonoärmel können sowohl waagerecht von Bund zu Bund gestrickt werden als auch senkrecht von Ärmelbündchen zu Ärmelbündchen.
Wegen der großen Maschenzahl kann man nur mit einer Rundstricknadel arbeiten.

Beim Kimonoärmel erfolgt die Zunahme in einer leichten Kurve.

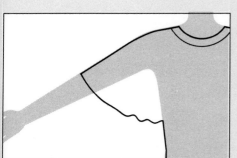
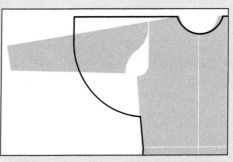

Beim Flügelärmel wird vom Armausschnitt bis zur gewünschten Länge des Ärmels in einer gleichmäßigen Rundung zugenommen.
Der Armausschnitt am Vorder- und Rückenteil muß entsprechend vertieft werden.

229

Stricken nach Schnitt, Bündchen, Säume, Blenden

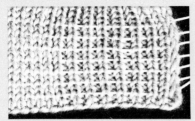

Elastische Bündchen strickt man 1 Masche rechts, 1 Masche links oder 2 Maschen rechts, 2 Maschen links. Muß ein Bündchen besonders anliegend sein, kann in mehreren Reihen Kordelgummi eingezogen werden.

Beim zusammengestrickten Saum oder Doppelrand wird zuerst in der gewünschten Höhe rechts gestrickt. Dann folgt für die Kante eine Reihe mit linken Maschen und noch einmal die Saumhöhe im Rechtsgrund. Die Arbeit wenden und mit einer dünneren Nadel ...

... die Anschlagmaschen von vorne nach hinten auffassen.

In die Masche der vorderen Nadel rechts, in die Masche der hinteren Nadel rechts verschränkt einstechen und beide Maschen zusammenstricken.

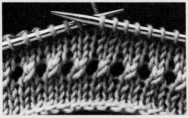

Für den Zackensaum zuerst die gewünschte Höhe stricken.

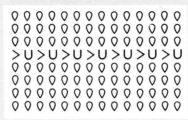

Dann 1 Reihe 1 Umschlag, 2 Maschen rechts zusammenstricken.

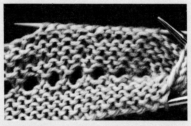

Nach der 2. Saumhöhe die Anschlagmaschen auffassen.

Die Nadeln aufeinanderlegen. In die Masche der vorderen Nadel rechts, in die Masche der hinteren Nadel rechts verschränkt einstechen und beide Maschen zusammenstricken.

Für eine Blende, die gleich mitgestrickt wird, eignet sich besonders das Perlmuster (1 Masche rechts, 1 Masche links, versetzt), da es sich weder zusammenzieht noch weitet und vor allem flach liegen bleibt.
Das Perlmuster wird außen immer mit dem Knötchenrand gestrickt.
Wird auf beiden Seiten eines Strickteils die Blende hochgestrickt, ist darauf zu achten, daß das innenliegende Muster eine ungerade Maschenzahl hat. Dies gilt auch, wenn innerhalb der Strickerei Streifen im Perlmuster hochgestrickt werden.

Stricken nach Schnitt, Bündchen, Säume, Blenden

Für eine angestrickte Blende im Krausgrund aus jeder Masche des Anschlags 1 Masche herausstricken, für die Ecke 1 Masche zusätzlich herausstricken. Seitwärts aus der 2. Maschenreihe und dem linken Maschenglied die Masche herausholen. Nach 2 Maschen immer 1 Masche übergehen, da sonst zuviele Maschen aufgenommen würden.
1. Reihe rechts stricken, nur die Masche in der Ecke links stricken.
Die Ecke nach der Symbolschrift arbeiten.

Folgt die Blende einer runden Form, so müssen in der Rundung zusätzlich Maschen aufgenommen werden. Je enger die Rundung, umso mehr Maschen sind notwendig. Bei extrem engen Rundungen ist ein Aufnehmen von Maschen auch bei den weiteren Reihen nicht zu vermeiden. Es ist dann sinnvoll, eine richtige Eckbildung zu machen. Die Symbolschrift zeigt eine sehr steile Rundung (am Beginn sind nur 3 Maschen). Die Zunahmen werden aus dem Querfaden gestrickt.
Wird die Blende in mehreren Farbstreifen gestrickt, beginnt man auf der Schulter, da hier der Wechsel der Reihen nicht auffällt.

Bei einer angestrickten Doppelblende im Rechtsgrund wird zunächst wie bei der 2. Blende (Blende im Krausgrund) verfahren. Nach erreichter Höhe für die Kante eine Linksreihe stricken. Bei der Innenhöhe muß in der Ecke abgenommen werden (siehe Symbolschrift). Nach dem Abketten wird die Blende angenäht.

Soll diese Blende an einen viereckigen Halsausschnitt gestrickt werden, muß in den Ecken zuerst ab- und dann zugenommen werden.

Stricken nach Schnitt, Halsausschnitte, Kragen

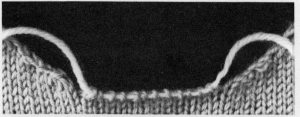

Für den runden Ausschnitt genau nach Schnitt abnehmen. Die mittleren Maschen nicht abketten, sondern mit einem Faden gesichert stillegen.

Die Maschen vor der Randmasche auffassen, und zwar so, daß einmal aus der rechten Masche und einmal aus dem Zwischenglied eine Masche herausgeholt wird.

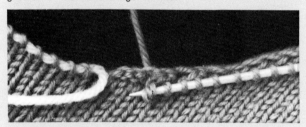

Auf der Rückseite ergibt sich ein durchgehender Maschenrand, der nicht verhindert werden kann.

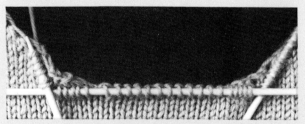

Die stillgelegten, mittleren Maschen auf die Nadel nehmen, abstricken und auf der 2. Seite die Maschen ebenso herausholen.

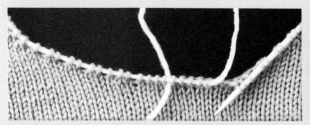

Soll der Ausschnitt besonders elastisch bleiben, werden die abzunehmenden Maschen nicht abgekettet. Man legt sie jeweils auf Maschenraffern oder auf einem Faden still.
Für die Blende werden alle Maschen wieder auf die Nadel genommen. Sollten an den Wendestellen Lücken entstehen, kann aus der unteren Maschenreihe eine Masche zusätzlich aufgefaßt werden.

Enge Kragen erfordern einen Verschluß. Je nach Mode und eigenem Geschmack kann er möglichst unauffällig oder als Schmuck gearbeitet werden.
Das Foto zeigt einen seitlichen Knopfverschluß bei einem Pullover mit Stehkragen.

Blenden, vor allem runde, werden überwiegend mit elastischen Mustern gestrickt. Man kann die Blende einfach abketten, muß dabei aber darauf achten, daß die Abkettmaschen locker sind. Wird die Blende umgelegt, muß sie angenäht werden. Dazu sticht man durch ein Glied der Abkettmasche und ein Glied der linken Masche.

Stricken nach Schnitt, Halsausschnitte, Kragen

Bei dem klassischen runden Ausschnitt ergibt die Blende den gewünschten Halsausschnitt. In unserem Beispiel wurde der Rand abgenäht.

Beim Stehkragen wird der Ausschnitt exakt bis zum Halsansatz gestrickt, damit das Bündchen eng anliegt. In der rückwärtigen Mitte ist ein Verschluß erforderlich.

Beim Rollkragen wird der Ausschnitt bis unterhalb des Halsansatzes geabeitet. Den Kragen strickt man in einem elastischen Muster so hoch, daß er sich 1- oder 2mal umlegen läßt.

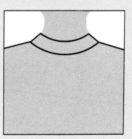

Eine Variante zwischen rundem Ausschnitt und Stehkragen ist der Schildkrötenkragen. Er wird etwas halsferner wie der Stehkragen begonnen. Das Bündchen strickt man jedoch so breit, daß es etwas am Hals anliegt.

Eine Variante zum Rollkragen. Der Ausschnitt ist halsfern. Die Röhre ist so lang, daß sie mehrmals umgeschlagen werden kann. Dieser Kragen eignet sich für kleinmaschige Strickereien.

Stricken nach Schnitt, Halsausschnitte, Kragen

Der klassische V-Ausschnitt mit einer elastischen Blende.

Am Beginn des V-Ausschnitts wird die mittlere Masche von der Nadel genommen und mit einem Faden gesichert. Für die Randmaschen des Ausschnitts strickt man rechts und links dieser Masche je 1 Masche rechts verschränkt heraus.

Die Symbolschrift zeigt, wie beim V-Ausschnitt abgenommen wird. Die Schräge bestimmt die Anzahl der Abnahmen.

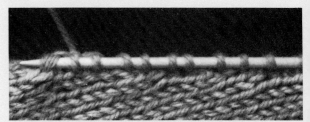

Für die Blende werden die Maschen aus der Schräge herausgestrickt. Um genügend Maschen zu bekommen, strickt man nach je 2 Maschen 1 Masche zusätzlich heraus.

Auf der anderen Seite die Maschen mit einer 2. Nadel herausstricken. Auf gleiche Maschenzahl achten.

Das Blendenmuster muß so gestrickt werden, daß vor der gesicherten Masche in der Spitze 1 rechte Masche ist. Die gesicherte Masche auffassen und die rechte Masche abheben.

Die Nadel nach vorne legen und gleich die 1. Masche der anderen Schräge rechts stricken.

Stricken nach Schnitt, Halsausschnitte, Kragen

Nun die abgehobene rechte Masche über die 1. gestrickte Masche der anderen Seite ziehen.

Wenn der Ausschnitt mit einer Rundnadel gestrickt werden soll, muß man darauf achten, daß diese nicht zu lang ist.
Eine zu lange Nadel spreizt die Maschen auseinander und erschwert die Arbeit.

Die überzogene Masche auf die vorgelegte Nadel heben . . .

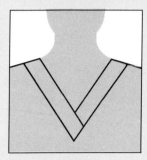

Diese Blende läuft in der Spitze übereinander. Sie wird in Reihen gestrickt. Von der Spitze aus werden die Blendenstreifen entsprechend dem Ausschnitt schräg gestrickt. Nach dem Abketten wird die untere Blende an den Ausschnitt und die obere an den Blendenrand genäht. Für diese Art soll der V-Ausschnitt nicht zu spitz sein.

. . . und diese Masche überziehen.

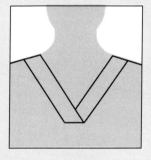

Bei diesem V-Ausschnitt wurde die Spitze durch das Abketten der mittleren Maschen vermieden. Die Blende kann gerade gestrickt werden. Sie wird unten übereinandergelegt und an die abgekettenen Maschen genäht. Die schräge Kante bleibt offen.

In den nächsten Runden wiederholt sich dieses Abnehmen.

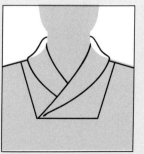

Bei diesem Ausschnitt ist die Blende wesentlich breiter, dadurch auch der waagerechte Abschluß.
Die Blende wird 2 Maschen rechts, 2 Maschen links gestrickt ohne jedes Abnehmen.
Durch Umlegen der breiten Blende entsteht eine Art Schalkragen.

Stricken nach Schnitt, Halsausschnitte, Kragen

Glatter V-Ausschnitt mit Untertritt.

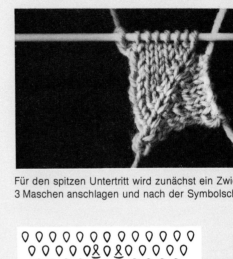

Für den spitzen Untertritt wird zunächst ein Zwickel gestrickt. 3 Maschen anschlagen und nach der Symbolschrift stricken.

Strickschrift für den Zwickel.

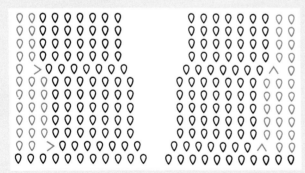

Die Symbolschrift zeigt, wie für diesen V-Ausschnitt seitlich der Buglinien abgenommen wird.

Das Vorderteil teilen und in der Mitte 7 Maschen des Zwickels (mittlere und die 6 folgenden Maschen) auf der rechten Nadel dazunehmen. Dann weiterstricken bis zur Schulter.

Stricken nach Schnitt, Halsausschnitte, Kragen

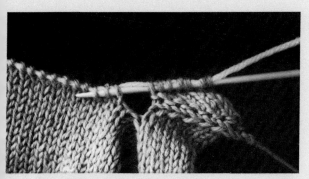

Nun die rechten 6 Zwickelmaschen von der Spitze aus zu den Maschen des linken Vorderteils geben.

Das linke Vorderteil mit dem Untertritt hochstricken. Die Abnahmen müssen gegengleich gearbeitet werden.

Nach Fertigstellung die Blende umlegen und vorsichtig dämpfen.

Die Blende mit Vorstichen anheften und mit geteiltem Faden mit Saumstichen annähen.

Die letzten 7 Schultermaschen werden mit den 7 Maschen des Untertritts zusammen abgekettet: Je 2 Maschen zusammenstricken und die vorhergehende Masche überziehen.

Stricken nach Schnitt, Halsausschnitte, Kragen

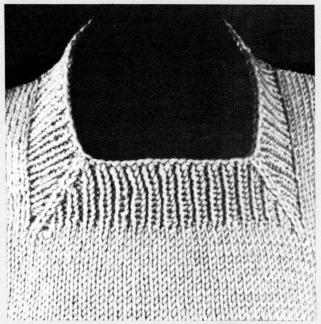

Die gewünschte Breite der Blende am Schnitt einzeichnen. Die Maschen der Ausschnittunterkante mit einem durchgezogenen Faden stillegen. Erste und letzte Masche müssen eine rechte Masche sein. Die Seitenteile gemeinsam hochstricken.
Für die Blende werden hinten und seitlich die Maschen herausgestrickt, und zwar aus der 2. Maschenreihe. Damit der Ausschnitt nicht zu eng wird, werden aus der jeweils 3. Masche 2 Maschen herausgestrickt. Man beginnt auf der linken Schulter. Die waagerechte Maschenreihe vom Faden wieder auf die Nadel geben und rechts abstricken. Dann den 2. Seitenteil, gleich wie den ersten, auffassen.
Nun wird die Blende 1 Masche rechts, 1 Masche links in gewünschter Höhe gestrickt. An den Ecken werden jeweils 3 Maschen überzogen zusammengestrickt (siehe Symbolschrift).
Auch mit dem Abketten beginnt man auf der Schulter. Die Maschen so abketten, wie sie im Maschenbild erscheinen. Der Kettenrand wird dann dehnbarer.

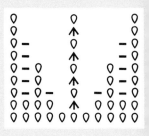

Der viereckige Halsausschnitt mit eingearbeiteter Blende.

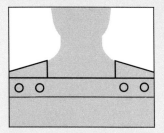
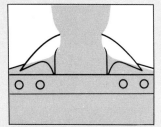
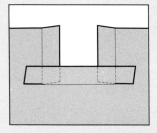
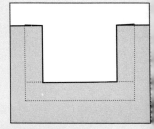

Dieser Halsausschnitt ist eine sehr leicht nachzuarbeitende Variation.
Die waagerechte Blende am Vorderteil wird über die ganze Breite gestrickt. Das Vorderteil wird damit abgeschlossen. Die Seitenteile des Halsausschnittes (Schulter) werden mit dem Rückenteil gestrickt. Sie müssen bis zur Unterkante der vorderen Blende reichen. Die Seitenteile werden durch angenähte Knöpfe befestigt.

In den eckigen Ausschnitt läßt sich auch noch ein Kragen einarbeiten, indem man seitlich und hinten die Randmaschen auffaßt und einen zusätzlichen, breiten Streifen anstrickt. Der Kragen ist etwas halsfern und vorne offen.

Soll der viereckige Ausschnitt ohne Blende abschließen, wird ein Untertritt gearbeitet.
Jede Seite des Ausschnittes wird separat aufgefaßt und der Untertritt in der gewünschten Höhe gestrickt.
Der waagerechte Untertritt wird links und rechts auf die seitliche Untertrittbreite erweitert (aufschlingen). Nun kann der Untertritt nach innen gelegt und sauber angenäht werden. Die Stoßkanten mit dem Maschenstich verbinden.

Stricken nach Schnitt, Halsausschnitte, Kragen

Der spitze Kragen mit dem vorderen Knopfverschluß eignet sich für Sport- oder Überziehpullover.

Für den Verschluß die Mitte der Maschen suchen und 4 Maschen zurückzählen. Hier wird die Arbeit geteilt. Für den Untertritt 8 Maschen aufschlingen und diese kraus stricken. Seitlich wird der Knötchenrand gearbeitet.
Für den Übertritt werden die ersten 8 Maschen der 2. Nadel ebenfalls kraus gestrickt. Die Einteilung der Knopflöcher läßt sich vorher auf dem Untertritt bestimmen. Das obere Knopfloch muß mindestens 2 oder 3 Reihen unter dem Abschluß sein, damit der Knopf nicht über diesen hervorragt.
Dann den Untertritt locker annähen. Rechts und links das Vorderteil fertig stricken.

Für den Kragen die Maschen der vorderen Ausschnittseiten und des rückwärtigen Ausschnitts von innen her auffassen, denn der Kragen wird auch von innen gestrickt.

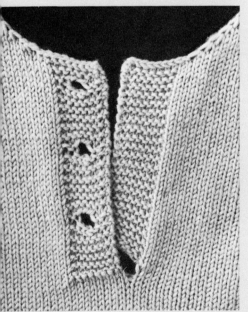

Für den Kragen werden vorne je 4 Maschen des Unter- und Übertritts aufgefaßt. Am Anfang jeder Reihe wird 1 Masche zugenommen. Es ist darauf zu achten, daß der Knötchenrand gleichmäßig angezogen wird. Die krause Blende an den Seiten nach der Symbolschrift stricken. Den Kragen in der gewünschten Höhe mit 5 krausen Reihen abschließen. In den letzten 2 Reihen wird nicht mehr zugenommen.

Stricken nach Schnitt, Halsausschnitte, Kragen

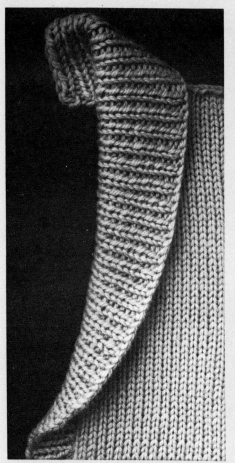

Wird eine Jacke mit Schalkragen gestrickt, müssen die beiden Vorderteile etwa von der Brustmitte bis zur Schulter abgeschrägt werden (siehe Symbolschrift).
Die beiden Vorderteile und den Rücken an den Schultern zusammennähen. Der Kragen und die vorderen Blenden werden in einem gestrickt.
Man beginnt auf der rechten Schulter und strickt aus der 2. Maschenreihe des hinteren Halsausschnittes je 1 Masche heraus. Für die Verbreiterung des Kragens werden in jeder Reihe jeweils 4 Maschen von der Schräge des Vorderteils dazu aufgefaßt.

Bei entsprechender Maschenzahl wird auf eine lange Rundstricknadel gewechselt.

Für die Knopfblende aus dem 2. Maschenglied der 1. rechten Masche jeweils 2 Maschen nacheinander herausstricken, dann 1 Masche übergehen, damit die Blende nicht zu weit wird.

Die Knopflöcher können gleich in der 1. Strickreihe oder in der Mitte der Blende gestrickt werden.

Stricken nach Schnitt, Halsausschnitte, Kragen

Für den Reverskragen das Vorderteil mit der Blende bis zum Beginn des Revers stricken. An der Blende wird der Knötchenrand gearbeitet. Dann aus der letzten Masche vor der Blende 1 Masche zusätzlich herausstricken. Diese Zunahmen erfolgen bei dem Muster 1 Masche rechts, 1 Masche links in jeder 4. Reihe (siehe Symbolschrift).
Auf der Höhe des Halsausschnitts für den Revers ungefähr ²/₃ der Maschen abketten. Die restlichen Maschen bis zum Halsausschnitt weiterstricken. Diese Maschen stillegen und das Vorderteil fertig stricken.

Das 2. Vorderteil genauso stricken. Vorderteile und Rückenteil an den Schultern schließen.

Nun die Maschen für den Oberkragen wie folgt auffassen beziehungsweise aus dem Halsausschnitt herausstricken: Revers, Halsausschnitt, Rücken, Halsausschnitt, Revers.

Den Kragen in gewünschter Höhe stricken, seitlich den Knötchenrand arbeiten. Die Abschlußmaschen des Kragens locker abketten.

Stricken nach Schnitt, Taschen

Soll ein Strickstück mit einer Tasche versehen werden, so kann dies auf zwei einfache Arten geschehen.

Bei der ersten Art wird die Tasche gesondert gestrickt und dann auf das fertige Stück genäht (eventuell mit dekorativen Zierstichen). Dies ist so unproblematisch, daß die Machart keiner weiteren Erklärung bedarf. Man sollte beachten, daß sich eine nur glatt rechts gestrickte Tasche oben einrollt, und es daher nötig ist, den Rand so zu gestalten, daß er sich nicht einrollen kann. Ein Abschluß mit Rippenmuster, Perlmuster oder ähnlichen Mustern verhindert das Einrollen des Randes. Auch kann der Rand durch Einschlagen verdoppelt werden. Nicht nur zweckmäßig, sondern ebenso schmückend ist der Zackensaum.

Wird die ganze Tasche in einem Muster gestrickt, das nicht einrollt, so ist natürlich ein besonderer Randabschluß nicht mehr nötig.

Die Nähte müssen sehr sorgfältig ausgeführt werden, damit sie nicht störend auffallen.

Bei der zweiten Art wird in das Strickteil ein Schlitz eingearbeitet: In der Hinreihe Maschen abketten und in der Rückreihe die gleiche Maschenzahl aufschlingen. Nach Fertigstellung des Strickteils werden aus den aufgeschlungenen Rand Maschen herausgestrickt und darüber die Innentasche gearbeitet. Anschließend näht man sie auf der linken Seite an. Der abgekettete Schlitz wird mit 1 oder 2 Reihen fester Maschen überhäkelt, damit man den Ansatz der Innentasche nicht sieht.

Da bei dieser Art, eine Tasche anzufertigen, kein nachträgliches Verschieben mehr möglich ist, muß die Taschengröße und die Stelle, wo die Tasche sitzen soll, vorher genau festgelegt werden. Hier ist der Schnitt eine große Hilfe. Hat man die richtige Lage der Tasche gefunden, wird dies auf dem Schnitt festgehalten. Maschen- und Reihenzahl können ermittelt werden.

Bei einem höheren Pulloverbund kann eine fast unsichtbare Tasche eingestrickt werden.
Den Bund in der gewünschten Höhe stricken, die Breite der Tasche bestimmen und mit dem genähten Rand abschließen.

Rückseite der Tasche.

Stricken nach Schnitt, Taschen

1 Für die Maschen der Innentasche mit der gleichen Wolle am Anschlag jede rechte Masche mit einer Sticknadel auffassen. Damit die Vorstiche leichter aufgefaßt werden können, läßt man in den Zwischenräumen kleine Vorstiche stehen, die Schlingen ergeben.

3 Beim Einstricken der Tasche wird auf der linken Seite das linke Glied der Rechtsmaschenreihe vom Bund aufgefaßt und diese halbe Masche mit der letzten rechten Masche der Innentasche verschränkt zusammengestrickt.
Die Strickerei wenden, die 1. Masche abheben und zurück bis zur letzten Masche stricken.

2 Für die rechten Maschen das linke Maschenglied und für die linken Maschen die Schlingen auffassen.
Das Einstricken der Tasche beginnt mit einem neuen Faden.

4 Mit der linken Nadel ebenfalls das linke Glied der Rechtsreihe auffassen und die beiden Maschen links zusammenstricken. Für das Einstricken wird beidseitig nur jede 2. Masche des Bundes aufgefaßt.

Stricken nach Schnitt, Taschen

Die seitwärts abgeschrägten Taschen sind bequemer als die waagerechten. Sie können auch größer gestrickt werden.
Nach dem Bund das Vorderteil ungefähr 8 cm hoch stricken. Den Taschenschnitt auflegen, um zu ersehen, wie breit und hoch die Tasche gewünscht wird.
Die Maschen der Taschenbreite und links die Maschen des Vorderteiles bleiben auf der Nadel.
Rechts von den Taschenmaschen werden die Maschen des Vorderteiles auf einen Faden gegeben.

Für die Taschenschrägung seitlich entsprechend der Symbolschrift je 2 Maschen überzogen zusammenstricken, bis die Taschenhöhe erreicht ist.
Die Taschenmaschen und die Maschen des Vorderteiles mit einem Faden sichern.

Am oberen Rand des Bundes nun die Maschen wie bei der Bundtasche mit Vorstichen in der gewünschten Breite auffassen und glatt rechts bis zur Taschenschrägung stricken.
Die vorher gesicherten Maschen der rechten Seite zu den Taschenmaschen auffassen und bis zur Taschenhöhe stricken.

Den Taschenteil und das Unterteil der Tasche aufeinanderlegen...

...und mit je einer Masche beider Nadeln rechts zusammenstricken.

Beiseitig die Tasche mit Überwendlingsstichen annähen, indem man nur eine Linksmasche auffaßt und in jede 2. Randmasche einsticht.

Rückseite der Tasche.

Stricken nach Schnitt, Taschen

Es ist ratsam, für jede Tasche einen Schnitt anzufertigen, damit dieser auf den Maßschnitt gelegt werden kann, um den Ansatz, die Breite und die Höhe der Taschen zu bestimmen.

Die Tasche im Perlmuster (1 Masche rechts, 1 Masche links, versetzt) wird in der gewünschten Breite und Höhe mit dem Vorderteil mitgestrickt. Danach die Taschenmaschen auf eine Sicherheitsnadel oder einen Faden geben.

Auf der Rückseite werden nun für die Innentasche die Maschen am Perlmusterrand aufgefaßt und beidseitig wie bei der Bundtasche mit den Maschen des Vorderteiles angestrickt.

Für die Abschlußblende der Tasche 4 cm im Rechts- oder Linksgrund stricken, locker abketten, umlegen und mit Saumstichen an den Perlmusterrand annähen.

Seitwärts die Blende mit unsichtbaren Stichen annähen.

Rückseite der Tasche.

Stricken nach Schnitt, Taschen

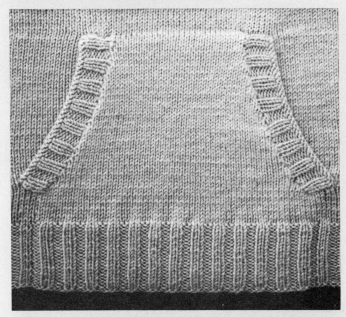

Diese Tasche wird auch als Känguruhtasche bezeichnet. Sie ist beliebt an Freizeitpullovern und Kinderkleidung.

Den Pulloverbund in der gewünschten Höhe, 2 Maschen rechts, 2 Maschen links, stricken.
Über dem Bund 8 bis 10 Reihen glatt rechts stricken.
Für die Tasche bleiben in der Mitte die erforderlichen Maschen auf der Nadel. Rechts und links werden die Maschen mit einem Faden gesichert.

Beidseitig der Tasche entsprechend der Symbolschrift abnehmen. Die Schrägen werden glatt, wenn jeweils 1 Randmasche gestrickt wird.
Die Tasche in der gewünschten Höhe stricken und dann die Maschen mit einem Faden oder Maschenraffer sichern.
Nun auf der Rückseite am Anschlag in der ganzen Taschenbreite Maschen herausstricken, wie bei der Bundtasche beschrieben.
Nach der Bundhöhe (2 Maschen rechts, 2 Maschen links) noch 8 bis 10 Reihen im Linksgrund stricken.
Zu diesen Maschen jetzt beidseitig die durch Fäden gesicherten Maschen auffassen und das Vorderteil bis zur Taschenhöhe stricken.
Nun werden die Maschen der Tasche mit den Maschen des Vorderteils wie bei der schrägen Tasche rechts zusammengestrickt.
Für die Abschlußblenden eine gerade Maschenzahl herausstricken und je nach Größe der Tasche 8 bis 12 Reihen 2 Maschen rechts, 2 Maschen links stricken.
Wenn der Abschlußrand von innen abgekettet wird, erscheint er auf der rechten Seite wie linke Maschen.
An den Seiten die Blenden unsichtbar annähen.
Um ein Ausreißen zu verhindern, näht man auf der Rückseite an den Enden der Tasche Knöpfe an.

Rückseite der Tasche.

Stricken nach Schnitt, Taschen

Bei Strickjacken arbeitet man Taschen auch gerne in die Seitennähte. Zunächst werden Vorder- und Rückenteil lose zusammengeheftet und anprobiert. Nur so kann man genau feststellen, wo die Tasche angesetzt werden muß, wie hoch und wie tief sie werden soll.

1 Die erforderliche Maschenzahl aus der 2. Maschenreihe des Vorderteils herausstricken und in der gewünschten Breite des Besatzes glatt rechts stricken.

```
0 0 0 0 0 0 0 0 0 0 0 0 0 0 0 0 0
0 0 0 0 0 0 0 0 0 0 0 0 0 0 0 0 0
> U U > U > U > U > U > U > U > U
0 0 0 0 0 0 0 0 0 0 0 0 0 0 0 0 0
0 0 0 0 0 0 0 0 0 0 0 0 0 0 0 0 0
```

2 Nun werden für das Umlegen des Besatzes Zacken gestrickt.

3 Danach die gleiche Reihenzahl glatt rechts stricken und abketten. Den Besatz umlegen und den Kettenrand mit feinen Saumstichen annähen.

4 Beim Rückenteil nun die gleiche Maschenzahl aus der 2. Maschenreihe herausstricken. Dann im Krausgrund die Taschentiefe stricken und abketten.

5 Mit dem Maschenstich die Seitennähte des Vorder- und Rückenteils, außer der Taschenhöhe, verbinden. Erst jetzt die Tasche mit Überwendlingsstichen an das Vorderteil annähen.

Stricken nach Schnitt, Taschen

1 Nachträglich eingearbeitete Taschen haben den Vorteil, daß sie je nach Strickmuster in den gewünschten Höhen gestrickt werden können.

2 Mit Vorstichen wird die Höhe der Tasche festgesetzt. Das Bündchen der Tasche muß man hinzurechnen, je nach Muster und Wolle 3 bis 4 cm.

3 In der Mitte eine Masche durchschneiden und nach beiden Seiten die Maschen auslösen.

4 Die Maschen für das Bündchen auffassen und die oben liegenden Maschen mit einem Faden durchziehen.

Stricken nach Schnitt, Taschen

5 Für das Taschenbündchen, je nach Wolle, 8 bis 10 Reihen 1 Masche rechts, 1 Masche links stricken, darüber glatt rechts. Damit sich das Bündchen nicht so stark dehnen läßt, werden 2 Reihen weniger im Rechtsgrund gestrickt.

8 Die Innentasche bis zum Bund stricken, abketten und den halben Kettenrand ebenfalls mit Überwendlingsstichen an den Bund nähen. Die Seitennähte ebenso schließen.

6 Dann abketten und mit Überwendlingsstichen den halben Kettenrand auffassen und annähen.
Nun die obenliegenden Maschen auffassen . . .

7 . . . und den Innenteil der Tasche glatt rechts stricken.

9 Rückseite der Tasche.

Stricken nach Schnitt, Taschen

Die Maschenbreite in der festgelegten Reihe mit Vorstichen markieren, in der Mitte 1 Masche durchschneiden und nach beiden Seiten die Maschen auslösen, dann auffassen.

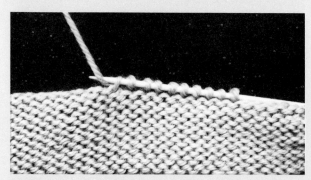

In der Taschentiefe werden die Maschen aus den linken Maschen in der erforderlichen Breite mit einem neuen Faden herausgestrickt.

Auch bei der Klappentasche werden die Maschen in der gewünschten Breite ausgelöst.
Ratsam ist zunächst, die Vorderteile und das Rückenteil mit großen Stichen zusammenzuheften und anzuziehen, um so am Körper den Sitz und die Größe der Tasche exakt bestimmen zu können.

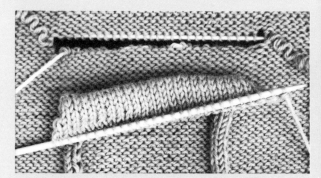

Die Innentasche im Linksgrund stricken. An den Seiten wird der Kettenrand gearbeitet.

Stricken nach Schnitt, Taschen

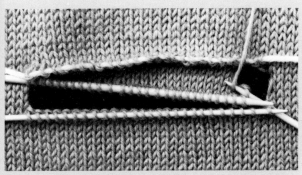

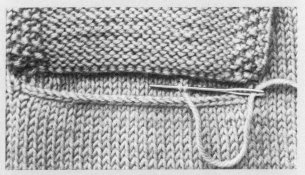

Die Maschen der Innentasche nun mit den aufgefaßten oberen Maschen rechts zusammenstricken. Dazu wird die Arbeit gewendet.

Zum Schluß die ausgelösten Fäden und die Strickfäden beidseitig mit dem Maschenstich unter der Klappe zur Mitte hin vernähen.

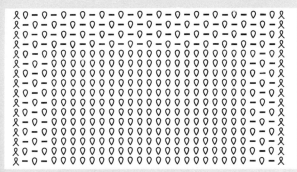

Über diesen Maschen nach der Symbolschrift die Klappe stricken. Das Perlmuster ist für den Rand besonders geeignet, da es sich nicht einrollt.

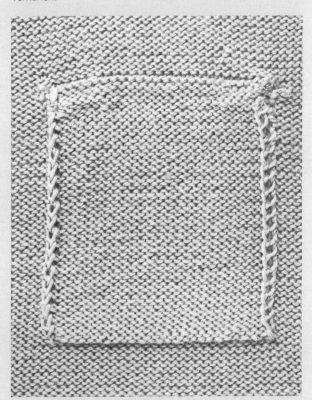

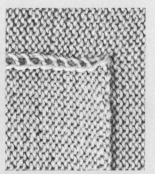

Die aufgefaßten unteren Maschen des Taschenschlitzes fester als normal abketten.

Dann auf der Rückseite den halben Kettenrand mit Überwendlingsstichen annähen.

Die Rückseite der fertigen Tasche.

251

Stricken nach Schnitt, Verschlüsse

1 Dieser Schnürverschluß zeigt zwei Varianten für den oberen Abschluß: Links den Doppelrand mit Zacken, rechts mit linken Maschen.

2 Für den Untertritt 3 Maschen aufschlagen. Löcher und Doppelrand stricken.

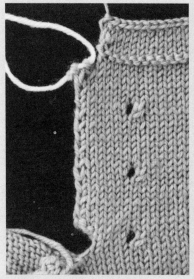

3 Auf der anderen Seite ebenso 3 Maschen aufschlagen. Die Löcher müssen gegengleich gearbeitet werden.

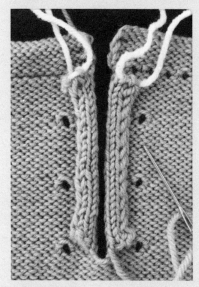

4 Die Untertritte mit Saumstichen annähen.

5 Die Abschlußblenden werden umgelegt und mit Saumstichen angenäht.

6 Rechte Seite des Verschlusses.

Stricken nach Schnitt, Verschlüsse

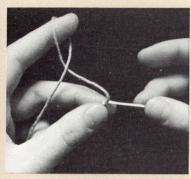

1 Die Kordel wird geknüpft: 2 Fäden zusammenknoten. Den 1. Faden als Schlinge über den linken Zeigefinger legen.

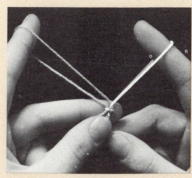

4 ... und hochziehen.

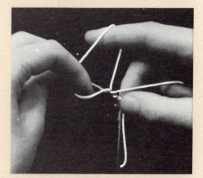

7 ... und mit dem Zeigefinger den Faden durch die Schlinge heraufholen.

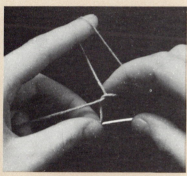

2 Den 2. Faden mit Daumen und Mittelfinger der anderen Hand halten. Mit dem Zeigefinger in die Schlinge greifen, ...

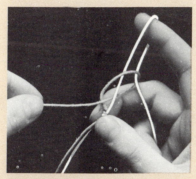

5 Die Schlinge links fallen lassen, den Knoten festhalten und links die Schlinge zuziehen.

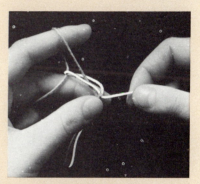

8 Die Schlinge fallen lassen. Ab Bild 2 wiederholen.

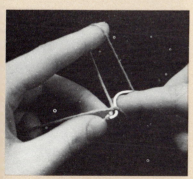

3 ... den 2. Faden durch die Schlinge des 1. Fadens heraufholen ...

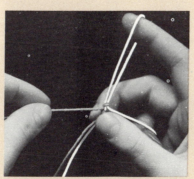

6 Jetzt links den 1. Faden mit Daumen und Mittelfinger waagerecht halten ...

253

Stricken nach Schnitt, Verschlüsse

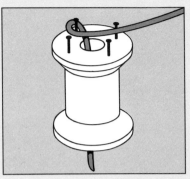

1 Strickkordel: Das Garnende von oben nach unten durch die Strickpuppe ziehen...

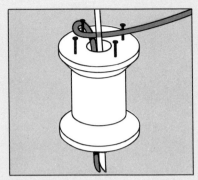

4 Für eine zweifarbige Kordel 2 Fäden durch die Spule ziehen.

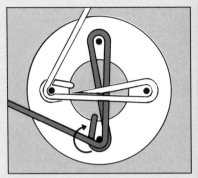

7 Für eine gestreifte Kordel die Fäden über 2 gegenüberliegende Nägel legen.

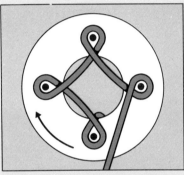

2 ...und den Faden in Schlingen um die Nägel legen. Dann den Faden über die 1. Schlinge legen.

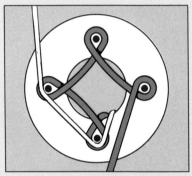

5 1. Farbe um die Nägel legen.
2. Farbe über die Schlingen legen.
1. Farbe über die 2. Farbe ziehen.

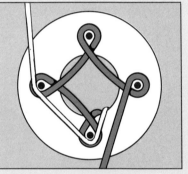

8 Im Wechsel 1. und 2. Farbe überziehen, so daß immer die gleiche Farbe übereinander kommt.

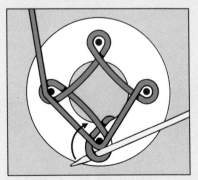

3 Mit der Stricknadel die untere Schlinge über den Querfaden und den Nagel heben usw.

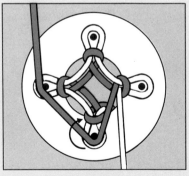

6 Nach jeder Runde die Farbe wechseln.

Die Kordel muß gleichmäßig angezogen werden. Beim Fadenwechsel wird angeknotet und der Knoten nach innen gelegt.

Stricken nach Schnitt, Verschlüsse

Der zu drehende Faden soll ungefähr 3mal so lang sein wie die endgültige Länge der gedrehten Kordel.
Den Faden in die Hälfte legen, verknoten und an einem festen Punkt (Türgriff, Fensterriegel) einhängen. Am anderen Ende eine Stricknadel durch die Schlinge geben und in Richtung der Fadendrehung drehen, bis sich der Faden beim Lockerlassen rasch zusammendreht. Nun im gespannten Zustand die gedrehte Kordel zusammenlegen und rasch zusammenstreifen.
Für die zweifarbige Kordel werden die Farben getrennt gedreht und dann zusammengestreift.

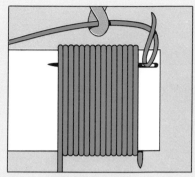

1 Zur Quastenherstellung einen Wollfaden über einen Karton in Quastenlänge wickeln.

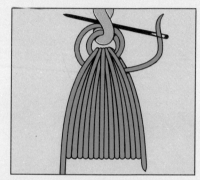

2 Den Wollfaden 3 bis 4mal durch die Kordel und den Wickel ziehen, fest anspannen und verknoten.

3 Eine Schlinge um die Quaste legen und fest anziehen.

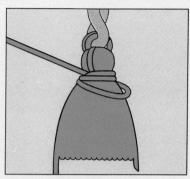

4 3 bis 4mal die Quaste wickeln. Dann den Faden von unten nach oben durch den Wickel ziehen . . .

5 . . . und wieder durch den Wickel nach unten ziehen. Quaste aufschneiden und gleichmäßig nachschneiden.

255

Stricken nach Schnitt, Verschlüsse

Bevor ein Knopfloch gearbeitet wird, muß die Knopfgröße festliegen. Nur dann kann das Knopfloch die richtige Größe bekommen. Vor allem beim gestrickten Knopfloch ist es unbedingt erforderlich, daß die Knopflöcher vor dem Stricken am Schnitt festgehalten werden. Ein nachträgliches Ändern ist nicht mehr möglich. Beim Stricken sollten die Knöpfe zur Probe vorliegen.

3 Diese Anschlagmaschen rechts verschränkt abstricken.

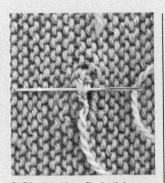

6 Für den Knopflochstich von innen nach außen . . .

1 Beim genähten Knopfloch einen Faden auslösen.

1 Beim waagerechten Knopfloch je nach Größe die Maschen abketten.

4 Das Knopfloch ist gestrickt.

7 . . . und seitwärts in die entstandene Schlinge einstechen.

2 Mit geteiltem Faden die Maschen auffassen.

2 In der Rückreihe die gleiche Maschenzahl aufschlingen.

5 Die Anschlagmaschen auffassen und mit geteiltem Faden durchziehen.

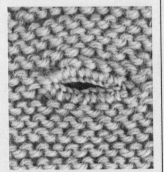

8 Das Knopfloch kann auch mit Schlingstichen umnäht werden.

3 Seitwärts vorsichtig in die rechte Masche einstechen.

Stricken nach Schnitt, Verschlüsse

4 Dann die weiteren Maschen auffassen.

7 Das fertige Knopfloch.

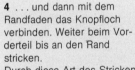

5 Den Faden 2mal durchziehen.

8 Dieses Knopfloch kann auch mit dem Knopflochstich umnäht werden.

1 Mit 4 Maschen Krausgrund die Höhe des Knopflochs stricken. Links wird der Knötchenrand gestrickt. Rechts wird die Randmasche gestrickt und beim Wenden nochmals gestrickt, damit der Rand fester wird.

2 Rechts außen beginnt man mit einem neuen Faden und strickt die 2. Hälfte des Knopflochs ebenfalls mit den engen Randmaschen.

3 Die 2. Hälfte des Knopflochs am Vorderteil zurückstricken . . .

4 . . . und dann mit dem Randfaden das Knopfloch verbinden. Weiter beim Vorderteil bis an den Rand stricken.
Durch diese Art des Strickens brauchen keine Fäden vernäht werden.

6 Danach das Knopfloch mit dem Schlingstich umnähen.

9 Die Fäden werden geteilt und die Enden unsichtbar durchgezogen.

257

Stricken nach Schnitt, Verschlüsse

Wie beim Schnürverschluß sollen auch bei diesem Verschluß Über- und Untertritt ausgeführt werden.
Der Rand wird schöner und auch fester.
Für den Übertritt 2 Maschen zusätzlich anschlagen, damit die Maschenreihe nicht unterbrochen wird. Für den Untertritt 2 Reihen feste Maschen häkeln.

1 Für die genähte Öse mit geteiltem Faden in die Buglinie einstechen und die Schlinge in der Knopfgröße bilden. Je nach Faden 3–4 Schlingen nähen.

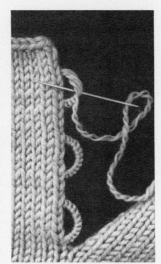

2 Die Schlingen mit Knopflochstichen umnähen.

3 Für den Untertritt 2 Reihen feste Maschen häkeln. Die Knöpfe seitlich in der richtigen Entfernung und gleicher Höhe annähen.

Hinweis für das Knopfannähen.

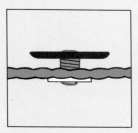

Da die Strickarbeit immer eine gewisse Stärke hat, sollen die Knöpfe nicht knapp auf der Strickerei anliegen. Je nach Stärke der Wolle wird der Knopf mit einem »Hals« angenäht werden. Man achtet darauf, daß der Knopf etwas von der Strickarbeit absteht und umwickelt den so entstandenen »Hals« vor dem Vernähen mit dem Faden.
Zur Festigkeit des Knopfes trägt es bei, wenn man auf der Gegenseite einen etwas kleineren, möglichst flachen Knopf mitnäht.

1 und **2** Für die gehäkelten Ösen in die Buglinie einstechen, 5 Luftmaschen häkeln, in die Kante 3 feste Maschen häkeln, usw. Die Größe der Ösen richtet sich nach der Knopfgröße. Die Ösen werden mit geteilter Wolle und festen Maschen umhäkelt.

3 Für den Untertritt 2 Reihen feste Maschen häkeln. Die Vierlochknöpfe mit senkrechter Stichen annähen.

Stricken nach Schnitt, Verschlüsse

1 Für die Untertritte beidseitig je 2 Maschen zusätzlich anschlagen. Vor dem Einheften des Reißverschlusses werden sie umgeheftet.

2 Das Strickteil darf nicht zu nahe an den Reißverschluß geheftet werden. Es ist darauf zu achten, daß das Strickteil in der Höhe etwas eingehalten wird.

3 und 4 Der Reißverschluß wird mit halbem Faden und Saumstichen angenäht. Auf der Rückseite den Reißverschluß mit feinem Garn und kleinen Saumstichen annähen.

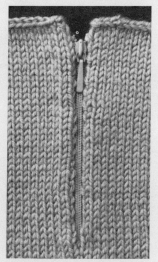
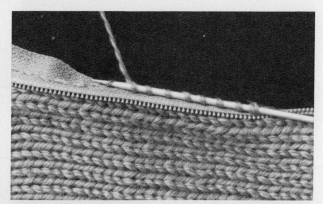

5 Rückseite des fertig eingenähten Reißverschlusses.

6 Vorderseite des Reißverschlusses.

7 Bei offen getragenen Westen oder Jacken kann der Reißverschluß auf der Rückseite mit einem gestrickten Streifen verdeckt werden.
Aus den auf der Rückseite sichtbaren Saumstichen mit geteilter Wolle Maschen herausstricken.
Den Streifen im Rechtsgrund stricken und danach mit Saumstichen unsichtbar annähen.

Stricken nach Schnitt, Nahtverbindungen

Wichtig bei allen Nahtverbindungen ist es, daß die zwei zu verbindenden Teile genau aufeinanderpassen. So muß darauf geachtet werden, daß bei der Seitennaht Vorder- und Rückenteil die gleiche Reihenzahl haben, daß bei der Schulternaht gleich viele Maschen gegenüberliegen. Dies ist vor allem wichtig, wenn Masche für Masche mit der Häkelnadel oder mit dem Maschenstich aufgefaßt wird.

Beim Maschenstich ist zu beachten, daß nicht die Randmasche, sondern erst die nächste Masche für die Naht verwendet wird. Dadurch wird eine fast unsichtbare Naht erreicht. Die Maschenstiche arbeitet man auf der Vorderseite der Strickerei.

Bei einer gewöhnlichen Nahtverbindung ist es, besonders bei längeren Nähten, unbedingt erforderlich, zunächst die beiden Teile sorgfältig zu heften, und zwar rechts auf rechts, das heißt, die Naht entsteht auf der Innenseite der Strickerei.

2 Nochmals den Faden holen und durch die 2 Schlingen ziehen.

3 Die fertige Naht auf der Vorderseite (Linksgrund).

1 Mit der Häkelnadel die Randmaschen beider Teile auffassen, den Faden holen und durchziehen.

4 Die gehäkelte Naht auf einer linksgrundigen Innenseite.

5 Die fertige Naht auf der Vorderseite (Rechtsgrund).

Stricken nach Schnitt, Nahtverbindungen

1 Beim Knötchenrand beidseitig in die Knötchen einstechen und den Faden nicht zu fest anziehen.

1 Die Vorderseiten aneinanderlegen. Mit der Stopfnadel die 2 Querfäden der 2. Masche auffassen, Faden durchziehen.

2 Die Vorderseite dieser Naht.

2 Jetzt auch auf der anderen Seite die Querfäden aufheben und durchziehen.

1 Mit der Stopfnadel die Randmaschen beider Teile auffassen und mit Überwendlingsstichen zusammennähen.

3 Diese Maschenstichnaht ist fast unsichtbar und wird bei feineren Strickmodellen verwendet.

2 Die Vorderseite dieser Naht.

4 Auf der Rückseite sind die Knötchenmaschen mit den zusätzlichen Randmaschen sichtbar.

Stricken nach Schnitt, Nahtverbindungen

1 Zusammenmaschen von rechten Maschen: Die Maschen mit der unteren Nadel von hinten nach vorne auffassen, mit der oberen Nadel umgekehrt.

2 und 3 Bei der unteren Nadel in der Mitte der Masche herausstechen, oben in die Mitte der vorhergehenden Masche einstechen und von vorne nach hinten eine neue Masche dazunehmen. Bei der unteren Nadel wieder in die Mitte der Masche einstechen und eine neue Masche dazunehmen.

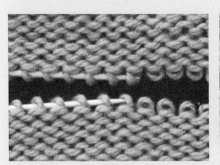

1 Zusammenmaschen von linken Maschen: Die untere Nadel von vorne nach hinten einstechen, mit der oberen Nadel die Maschen von hinten nach vorne auffassen.

2 Bei der unteren Nadel in die Mitte der Masche einstechen und schräg nach oben in die vorhergehende Masche einstechen.

3 Für die neue Masche von oben in die Masche einstechen, schräg nach unten in die vorhergehende Masche zurückstechen, usw.

1 Zusammenmaschen von rechten und linken Maschen: Beim Auffassen mit der oberen Nadel werden nur die 2 Glieder der rechten Maschen aufgefaßt.

2 Zuerst eine rechte Masche nähen, dann von vorne in die linke Masche und schräg nach oben in die vorhergehende Masche einstechen.

3 Oben in die nächste Masche und nach unten in die vorhergehende Masche einstechen.

Stricken nach Schnitt, Nahtverbindungen

1 Sind die zu verbindenden Strickteile nicht abgekettet, also noch auf der Nadel, können diese Teile zusammengestrickt werden (zum Beispiel Schulternaht).

Soll an ein Strickstück ein neuer Teil angesetzt werden (zum Beispiel Blenden oder Kragen), so können die benötigten Maschen aus den abgeketteten oder Randmaschen herausgehäkelt oder herausgestrickt werden.
Wird quer zum Gestrick aufgefaßt, so kann es nötig sein, weniger Maschen als vorhandene Reihen aufzunehmen. Dann wird einfach in regelmäßigen Abständen eine Reihe ausgelassen.
Benötigt man mehr Maschen, strickt man die benötigten Maschen in regelmäßigen Abständen zusätzlich aus dem Querfaden zwischen den Randmaschen heraus.
Eine Strickprobe sollte gemacht werden, um die richtige Maschenzahl zu ermitteln.

2 Mit der rechten Nadel sticht man zunächst durch die Masche der vorderen Nadel und dann verschränkt durch die Masche der hinteren Nadel.

3 Nun wird der Faden gleichzeitig durch beide Maschen gezogen. Beide Maschen von den Stricknadeln gleiten lassen.

1 Auffassen neuer Maschen mit der Häkelnadel: Durch jede Abkettmasche wird ein Umschlag gezogen. Dann werden die Maschen auf eine Stricknadel gegeben.

2 Diese Maschen wurden sofort mit der Stricknadel gebildet. Nach 3 Maschen wurde eine übersprungen, um auszugleichen, daß die Masche breiter als die Reihe hoch ist.

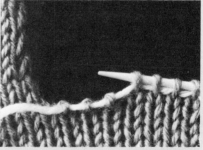

1 Wenn man nur mit einem Teil der Maschen weiterstricken muß, werden die ruhenden Maschen auf einem Faden aufgefaßt. So ist das Weiterstricken erleichtert.

2 Später werden die ruhenden Maschen mit einer dünnen Nadel von der Seite her aufgefaßt. Danach erst den Faden herausziehen.

Stricken nach Schnitt, Werdegang eines Modells

1 Zuerst wird das Modell, das Muster und die Wolle gewählt. Dann der Schnitt zum gewünschten Modell angefertigt.
Für diese Kinderweste sind 2 Maschenberechnungen erforderlich, da die Vorderteile und das Rückenteil aus zwei verschiedenen Mustern bestehen.
Der krausgestrickte Bund ist durchgehend über das Rückenteil und die Vorderteile gestrickt, dann auf einer Seite als Blende weitergeführt.
Da sich die Krausstrickerei etwas zusammenzieht, wurde für das Vorderteil ein entsprechendes Muster gewählt.
Das Abnehmen für die Halsschrägung beginnt in der Höhe des Armausschnittes.

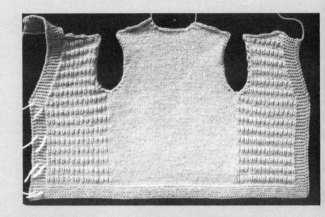

2 Blende auf einer Seite über rückwärtige Halsausschnittbreite weiterstricken.

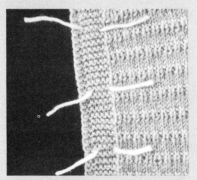

3 Da genähte Knopflöcher vorgesehen sind, werden diese durch eingezogene Fäden bezeichnet.

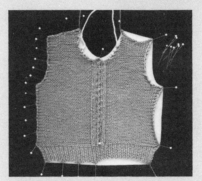

4 Vor dem Zusammennähen der einzelnen Strickteile werden sie gespannt. Den Schnitt auf eine gepolsterte Unterlage legen und das Strickteil mit Stecknadeln daraufspannen. Zuerst die Hauptpunkte feststecken: Achseln, Armtiefe, Seitenlänge; dann erst genau nach der Schnittform.
Glatte Strickmuster dürfen leicht gedämpft werden, bei ausgeprägten Mustern, zum Beispiel Zopfmuster, Noppen, usw. wird ein feuchtes Tuch aufgelegt und bis zum Trocknen liegengelassen.

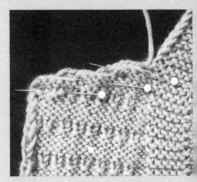

5 Die Achselnaht zusammenstecken.

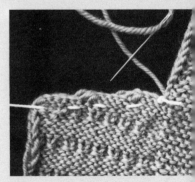

6 Danach mit Vorstichen genau zusammenheften...

Stricken nach Schnitt, Werdegang eines Modells

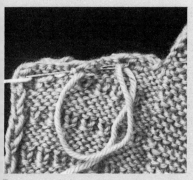

7 ... und mit Steppstichen zusammennähen.

10 Nun die Achselteile mit dem Maschenstich zusammennähen.

13 Eingenähter Ärmel.

8 Die Blendenteile mit dem Maschenstich zusammennähen.

11 Den Ärmel mit Stecknadeln einstecken und dabei etwas einhalten.

14 Die Knopflöcher werden auf die Knopfblende gelegt und am Ende der Knopflöcher Stecknadeln eingesteckt.

9 Die fertig genähte Blende.

12 Den Ärmel einheften und mit Steppstichen einnähen.

15 Diese Nadeln bezeichnen genau den Sitz der Knöpfe.

Formenstricken, diagonal

Viele Kleidungsstücke können oder sollen aus praktischen sowie optischen Gründen nicht in Einzelteilen nach Schnitt gearbeitet werden. Sie müssen in einem Arbeitsgang körpergerecht auf Form gestrickt werden.
Schals, Stolen, Gürtel und Blenden arbeitet man gerne diagonal oder schräg, um eine anschmiegsamere Paßform zu erreichen. Aber auch modische Pullover strickt man manchmal diagonal. Das Arbeitsprinzip wird hier an einem Schal gezeigt.

Für den schräg gestrickten Schal die seitlichen Zu- und Abnahmen nach der Symbolschrift arbeiten. 20 Reihen in der Grundfarbe kraus stricken. Dann folgen in der hellen Farbe 2 Reihen, in der dunklen Farbe 2 Reihen und in der hellen Farbe 2 Reihen. Wiederum 20 Reihen in der Grundfarbe kraus stricken usw.

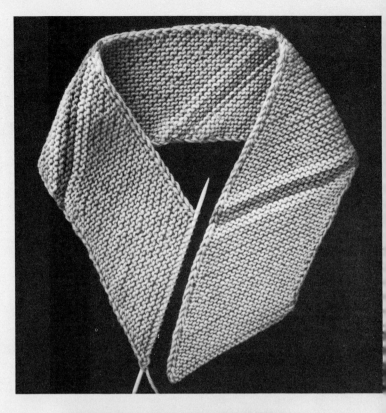

1 Zum Vernähen der Fäden zuerst in der Reihe, dann in der Maschenrichtung die Nadel einstechen.

3 Dann die Fäden sorgfältig abschneiden.

2 Noch einmal entgegengesetzt die Nadel einstechen und so durch 2 bis 3 Maschen den Faden ziehen.

4 Die Fäden sind ordentlich und fast unsichtbar vernäht.

Formenstricken, Schals

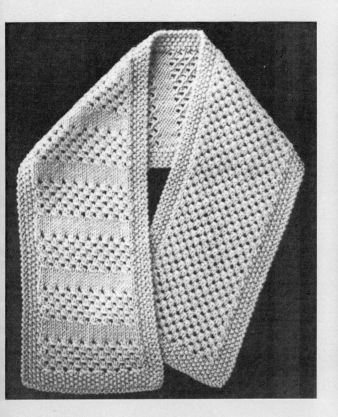

Das Grundmuster dieses Schals ist mit einem Perlmusterrand eingerahmt.
Dieser Schal wurde in 2 Varianten gestrickt, um zu zeigen, wie ein Grundmuster im Wechsel mit glattem Rechtsgrund eine ganz andere Wirkung zeigt, als wenn das Muster als Fläche allein gestrickt ist. Es besteht die Möglichkeit, auch mit anderen Grundmustern ähnliche Variationen zu stricken.
Als Umrahmung ist der Perlmusterrand zu empfehlen, da er flach bleibt, zum Unterschied des kraus gestrickten Randes, der sich in der Höhe etwas zusammenzieht.
Jedenfalls sollte immer eine Maschenprobe mit dem Abschlußrand gemacht werden, um sich vor Überraschungen zu sichern.
Da der Mustersatz sich jeweils um 1 Masche nach rechts oder nach links versetzt, ist zu beachten, daß in jeder Reihe entweder 1 rechte Masche am Anfang oder am Ende gestrickt werden muß.

Dieser Schal im Halbpatentmuster ist ungefähr 11 cm breit. Es wurden 30 Maschen angeschlagen.
Über dem Anschlag 7 Reihen kraus stricken. An den Seiten für den krausen Rand je 6 Maschen weiterstricken.
Der Mustersatz des Halbpatents wird in jeder Reihe 9mal gestrickt.
Zum Abschluß 8 Reihen kraus stricken.

Strickmuster für den links abgebildeten Schal.

Formenstricken, dreieckig

Beginnt man ein Dreieck an der längsten Kante, so wird rechts und links vor der Randmasche abgenommen. Das Abnehmen wird je nach Schräge festgelegt. Im Fotobeispiel wurden jeweils 3 Maschen verschränkt zusammengestrickt und der Knötchenrand gewählt.

Beginnt man an den beiden kürzeren Seiten des Dreiecks, so wird in der Mitte abgenommen, wie es die Symbolschrift zeigt. Damit der obere Rand gerade verläuft, müssen am Ende der Reihe jeweils 2 Maschen verschränkt zusammengestrickt werden.

Formenstricken, Schultertücher

Dreieckige Schultertücher haben vielseitige Verwendungen. Aus feinen Materialien und entsprechend gewählten Durchbruchmustern ergeben sich oft kleine Kunstwerke.
Die Einteilung der Muster kann mit beliebig großen Zwischenräumen im Rechtsgrund gewählt werden. Es ist ratsam, auf einer Skizze die Entfernungen festzulegen.
Wenn zum Schluß die Umrandung gestrickt wird, muß das Wenden der Reihen in der Mitte der längsten Kante erfolgen, um möglichst wenig aufzufallen. Am schönsten wird der Rand aber, wenn er mit der Rundstricknadel in Runden gestrickt wird.
Für Kopftücher ist es empfehlenswert, an der Längsseite den Doppelrand mit Zacken anzustricken.

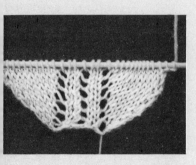

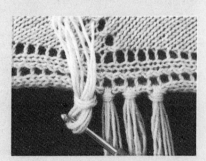

Beginnt man das Dreieck in der Mitte der längsten Kante, wird seitlich und in der Mitte zugenommen.

Beginnt man das Dreieck an der Spitze, wird nur rechts und links der Mitte oder nur seitlich zugenommen.

Will man Fransen einknüpfen, erleichtert eine Lochreihe am Rand das Durchziehen der Fäden.

269

Formenstricken, rund

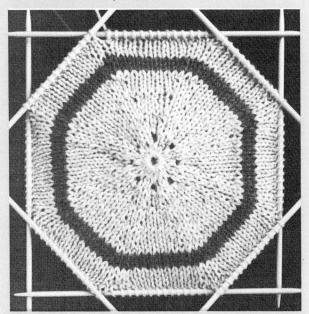

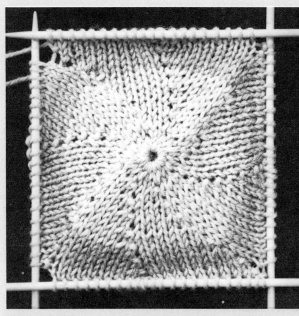

Das kreisförmige Rundstricken benötigt man für Kissenplatten und für Mützen. Aber auch Glockenröcke werden mit der Strahlenzunahme gestrickt.
Für dieses strahlenförmige Zunehmen wird ein Ring aus 16 festen Maschen gehäkelt. Aus jeder Masche wird 1 rechts verschränkte Masche herausgestrickt (siehe auch Seite 153). In der nächsten Reihe werden die Maschen rechts gestrickt und zwischen je 2 rechten Maschen werden aus dem Querfaden 1 rechte und 1 linke Masche gestrickt. Nach jeweils 3 Runden rechter Maschen wird links und rechts der Doppelreihe eine Masche rechts verschränkt aus dem Querfaden gestrickt, so daß die Maschenzahl in jeder 4. Reihe um 16 Maschen erhöht wird.

Für das sternförmige Zunehmen wird ebenfalls ein Ring aus 16 festen Maschen gehäkelt und dann aus jeder Masche 1 rechts verschränkte Masche herausgestrickt. Das Zunehmen erfolgt hier, indem aus der rechten Masche zusätzlich eine rechts verschränkte Masche herausgestrickt wird.

Formenstricken, Mützen

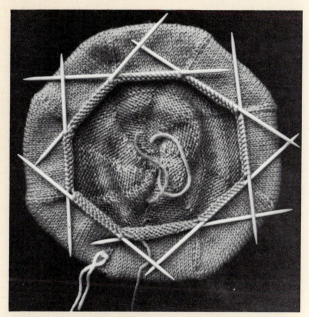

Sicher hat mancher Teenager Interesse, sich eine modische Baskenmütze passend zur Kleidung selbst zu stricken. Typisch sind bei dieser Mütze die »geschwungenen« Sternzunahmen auf der Oberseite.

Der Strickanfang ist auf Seite 270 beschrieben. Bei unserem Beispielmodell wurde auf der Oberseite 21mal aufgenommen. Die beiden Farben wechseln nach je 4 Runden.
Nach der hellen Abschlußfarbe noch 2 Runden glatt rechts stricken und dann nach der Symbolschrift abnehmen.
Nach dem Abnehmen beginnt der Abschlußrand: 1 Masche rechts verschränkt, 1 Masche links verschränkt stricken. Je nach Wunsch 10 bis 12 Runden stricken und dann die Maschen locker abketten.

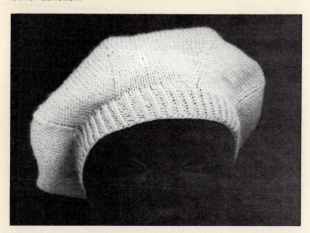

Formenstricken, Mützen

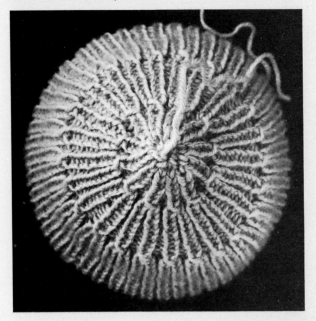

Mützen kann man auf einfache Weise mit dem Nadelspiel stricken. Ein gleichbreiter Schlauch ergibt die seitliche Höhe der Mütze. Für den oberen Abschluß werden drei Beispiele gezeigt:

Der Kopfumfang (Maßband um Stirn und Hinterkopf legen) ergibt die nötige Maschenzahl. Die Höhe wird am besten während der Arbeit probiert. Einen Anhalt erhält man, wenn man von einem Ohr über den Scheitel zum anderen Ohr mißt. Die Hälfte ergibt die benötigte Mützenhöhe, $2/3$ davon sollte die Höhe der seitlichen Mütze sein, $1/3$ der Abschluß. Will man den Rand der Mütze umlegen, muß man natürlich den Rand breiter stricken.

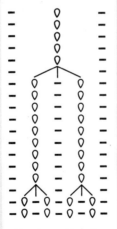

Maschenzahl muß durch 8 teilbar sein.

Hier wurde die seitliche Höhe der Mütze quer gestrickt, abwechselnd glatt und kraus. Der Streifen wurde zusammengemascht.

Auf 4 Nadeln werden die Randmaschen aufgefaßt und gleichmäßig verteilt. Für das Bandabnehmen werden am Anfang jeder Nadel die 2. und 3. Masche überzogen, am Ende der Nadel die 2.- und 3.letzte Masche rechts zusammengestrickt. Nun 3 Runden rechts stricken, dann wieder abnehmen. Danach 2 Runden rechts, abnehmen, eine Runde rechts, abnehmen und weiter jede Runde abnehmen. Durch die letzten Maschen den Faden ziehen und vernähen.

Formenstricken, Mützen

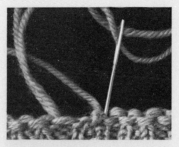

Vernähen der Anschlagfäden:
Sehr wichtig ist gerade bei Mützen das fast unsichtbare Vernähen der Anschlagfäden.
Dieser Anschlag wurde mit 2 Fäden gearbeitet. Beide Fäden einfädeln. Zuerst in die 1. Anschlagmasche einstechen, ...

... dann in die 2. Anschlagmasche einstechen und die Fäden durchziehen.

Nun wird die Nadel von unten eingestochen und die Fäden durchgezogen.

Die Höhe der Mütze ist mit einem senkrechten, elastischen Muster gestrickt.

Für die Sternabnahmen wird die Maschenzahl durch 6 geteilt. Bleibt ein Rest, so werden diese Maschen beim ersten Abnehmen zusammengestrickt, damit dann das weitere Abnehmen gleichmäßig erfolgen kann.
Maschen gleichmäßig auf drei Nadeln verteilen. In jeder 2. Reihe die mittleren Maschen und die beiden letzten Maschen zusammenstricken. Sind nur noch 5 Maschen auf jeder Nadel, wird in jeder Reihe abgenommen. Die letzten 6 Maschen werden sorgfältig vernäht. Die Mütze kann von beiden Seiten getragen werden.

Zum Vernähen auf der Innenseite werden die Maschenglieder der Abnahmen aufgefaßt.

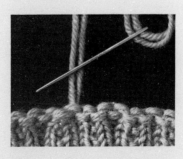

Die Fäden einzeln nach beiden Seiten entlang dem Anschlag unsichtbar vernähen.

Formenstricken, Mützen

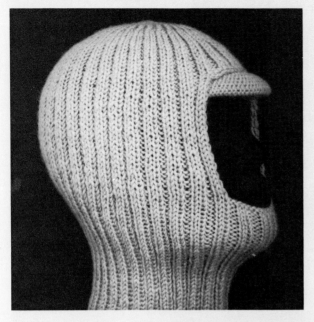

Eine richtige Skimütze ist bei schlechter Wetterlage unentbehrlich. Durch den Schild werden die Augen vor herabfallenden Schneeflocken geschützt.

Bei dieser Skimütze wurden 120 Maschen angeschlagen. Die Maschen gleichmäßig auf ein Nadelspiel verteilen und etwa 12 cm hoch 2 Maschen rechts, 2 Maschen links stricken.

Für die Gesichtsöffnung 18 Maschen abketten, bei 2 linken Maschen beginnen.
Damit beidseitig 2 Rechtsreihen weiterhin hochlaufen, muß je 1 Masche aufgenommen werden. In Hin- und Herreihen 9 cm stricken.

Nun erfolgt der Anschlag der 18 Maschen. Bei der 1. Runde beidseitig die aufgenommenen Randmaschen wieder zusammenstricken. Etwa 3 cm hoch stricken.
Die Abnahmen des Mützenabschluß nach der Symbolschrift arbeiten. Die Restmaschen mit einem Faden durchziehen und nach innen vernähen.

Mit etwas Geschick kann noch ein kleiner Schirm angearbeitet werden. Größe und Rundung muß bei aufgesetzter Mütze probiert werden. Eine mondförmige Einlage aus wasserfestem Material schneiden. Einen Strickteil doppelter Größe anfertigen oder 2 separate Formteile durch eine Naht verbinden und die Einlage damit überziehen. Am oberen Rand des Ausschnittes sorgfältig annähen und die Naht mit Kettenmaschen überhäkeln.

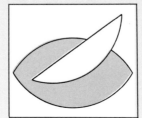

Formenstricken, Mützen

Dieses Häubchen ist für die Kleinsten gedacht.
Anschlag 90 Maschen mit dünner Wolle. Darüber wird der Doppelsaum mit Zakken gestrickt: 6 Reihen Rechtsgrund, dann die Durchbruchreihe und 5 Reihen Rechtsgrund. Mit einer kurzen Nadel die Randmaschen auffassen. Es werden immer nur bis zu 20 Maschen aufgefaßt. Laufend überprüfen, ob nicht eine Masche übergangen wurde. Dann die Maschen beider Nadeln zusammenstricken.

Jetzt wird 2mal das Muster gestrickt (Seite 151, allerdings mit 2 dazwischenliegenden linken Maschen). Danach folgen 6 Reihen glatt rechts und noch einmal der Musterstreifen.

Anschließend 10 Reihen Rechtsgrund stricken. Beidseitig 4mal je 7 Maschen abketten. Die restlichen Maschen glatt stricken.

Die verbleibenden Maschen werden für das Hinterkopfteil des Häubchens weitergestrickt. Beidseitig mit der Randmasche je 1 Masche zusammenstricken. Diese Abnahmen nach je 8 Reihen wiederholen, insgesamt 4mal. Mit 8 Reihen glatt rechts enden und die Maschen auf der Nadel lassen.

Die Nähte des Häubchens aufeinanderlegen und vom Rand aus nach oben mit Steppstichen zusammennähen.

Beidseitig Maschen aus den Seitenteilen herausstricken. Diese Maschen und die Maschen des rückwärtigen Teils auf eine Rundnadel geben.
Den Abschluß nach der Symbolschrift stricken. Die Löcher für die Schnur sollen eine gerade Zahl haben (mit dem ersten Loch eventuell weiter innen beginnen).

Mit der Strickpuppe eine Kordel stricken und die Enden kreisförmig zusammen nähen.

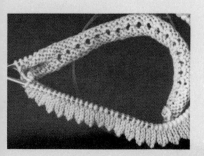
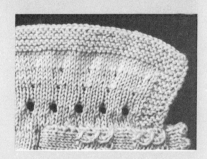

Formenstricken, Handschuhe

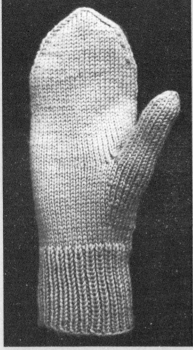

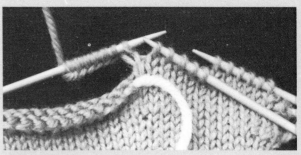

Mascheneinteilung für den Daumen:
6 Maschen des Zwickels auf der Nadel lassen, 5 Maschen auf eine 2. und die 12. Masche auf eine 3. Nadel geben. Dazu 6 Maschen aufschlingen.

Jetzt 1 Masche der 1. Nadel dazustricken. Durch diesen kleinen Trick wird verhindert, daß beiderseits des Aufschlingens lange Maschen entstehen.

Für die Berechnung der Maschenzahl wird das breiteste Maß der Hand zugrunde gelegt, und zwar über den Gelenkknochen der Mittelhand. In unserem Beispiel wurden 48 Maschen angeschlagen. Das Bündchen mit einem Nadelspiel stricken.

Bei einem stärkeren Daumen muß ein Zwickel gestrickt werden. Nach etwa 4 Runden glatt rechts für den Zwickel 6 Maschen der 1. Nadel auf eine zusätzliche Nadel nehmen. So kann das Aufnehmen immer am Anfang und Ende dieser Nadel erfolgen. Für den linken Handschuh die letzten 6 Maschen der 4. Nadel separat nehmen.

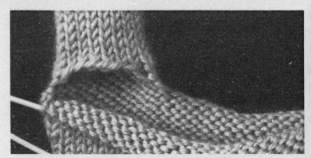

In der 1. Runde für den Daumen werden die aufgeschlungenen Maschen rechts verschränkt gestrickt.
Den Daumen in der gewünschten Länge stricken, die Spitze abnehmen (Seite 278).

Formenstricken, Handschuhe

Den Endfaden durch die restlichen 3 Maschen ziehen, die Nadel im Mittelloch durchstechen, den Daumen wenden, den Faden fest anziehen und vernähen.

Damit der neue Strickfaden besser gehalten werden kann, zieht man das Ende von innen her durch die Strickerei.
Um die Lücken zu schließen, die neben den Daumenmaschen entstehen, wird links und rechts dieser Maschen eine zusätzliche Masche aufgenommen und diese zusätzliche Masche sofort mit der ersten, beziehungsweise letzten Daumenmasche zusammengestrickt.

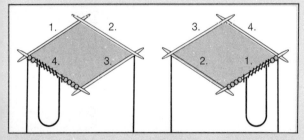

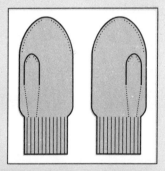

Nach der 1. Runde werden die Maschen gleichmäßig auf 4 Nadeln verteilt.
Man beginnt damit bei den 2 Maschen vor dem Daumen.
Nun wird der Fausthandschuh bis zur Spitze des kleinen Fingers gestrickt.

Einteilung der Maschen für den rechten Handschuh:
2 Maschen von der 4. Nadel nehmen, dazu die Daumenmaschen auffassen und einige Maschen von der folgenden Nadel.
Einteilung der Maschen für den linken Handschuh:
Einige Maschen von der 4. Nadel nehmen, dazu die Daumenmaschen auffassen und 2 Maschen von der 1. Nadel.

Die Bandabnahmen der Handschuhspitze (Seite 278) erfolgen jeweils am Ende der 4. Nadel, am Anfang der 1. Nadel, am Ende der 2. Nadel und am Anfang der 3. Nadel. Zwischen den Abnahmen liegen 2 rechte Maschen.
Die letzten 4 Maschen mit dem Maschenstich verbinden und den Faden vernähen.

Formenstricken, Handschuhe

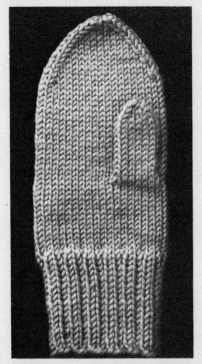

Den Handschuh bis zur erforderlichen Länge stricken.
Nach der Symbolschrift abnehmen und dann vernähen.

Vernähen des Anschlagfadens: Den Anschlagfaden zuerst dem Anschlag entlang durch einige Maschen ziehen ...

Beidseitig die Maschen des Daumens auffassen, und den Daumen bis zur Spitze stricken.
Abnehmen nach der Symbolschrift.

... und dann noch senkrecht durch eine Maschenreihe ziehen.

Der Daumen kann auch nach dem Fäustling gestrickt werden.
Dieser Handschuh hat keinen Zwickel.

Nach dem Bündchen glatt rechts bis zum Ansatz des Daumens stricken.
Für den Daumenschlitz 6 bis 8 Maschen abketten und bei der folgenden Runde die gleiche Maschenzahl aufschlingen.

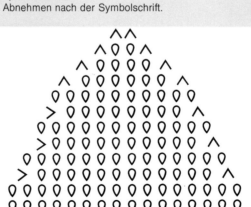

Abnehmen für die Handschuhspitze.

Abnehmen für den Daumen.

Formenstricken, Handschuhe

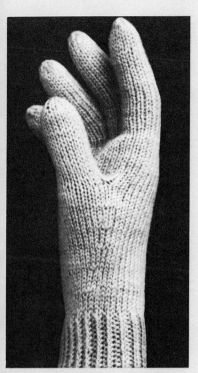

Nun die Maschen für den Zeigefinger aufnehmen. Die übrigen Maschen mit Faden oder Sicherheitsnadeln stillegen.

Der Finger wird fertiggestrickt.

Als »Brücke« werden 3 Maschen angeschlagen. Damit zwischen den angeschlagenen Maschen und den übrigen Maschen keine Lücke entsteht, werden

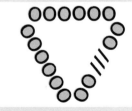

je 2 Maschen vor und nach den angeschlagenen Maschen auf dieselbe Nadel genommen.

Dann folgt die Aufnahme des nächsten Fingers. Es werden auch die Anschlagmaschen des vorhergehenden Fingers mit aufgenommen. Dazu noch links und rechts eine Masche aufnehmen, die in der nächsten Reihe wieder mit der Anschlagmasche zusammengestrickt wird. So kann eine Lücke zwischen den einzelnen Fingern vermieden werden.

Da die Gesamtmaschenzahl für jeden Finger etwa gleich sein soll, werden fallweise bei der Brücke nur 2 Maschen angeschlagen. Nur der kleine Finger hat 2 bis 3 Maschen weniger als die übrigen.

Der Fingerhandschuh wird bis zum Fingeransatz gleich gestrickt wie der Fausthandschuh. Meistens wird dünnere Wolle verwendet. Dies bedingt mehr Maschen und Reihen. Der Zwickel wird schmaler begonnen, damit der Daumen durch das öftere Zunehmen nicht zuviele Maschen erhält.

Ist der Fingeransatz erreicht, müssen die Maschen eingeteilt werden. Zunächst auf 2 Nadeln gleichviele Maschen geben. Darauf achten, daß der Daumen an der richtigen Stelle sitzt, 2 Maschen innerhalb der 1. Nadel. Jeder Finger erhält zunächst gleich viele Maschen. Geht die Teilung ohne Rest auf, wird vom kleinen Finger 1 Masche dem Zeigefinger zugezählt. Bleibt ein Rest, wird dieser dem Zeigefinger zugezählt. Bei 3 Maschen Rest wird dem Mittelfinger 1 Masche und dem Zeigefinger werden 2 Maschen zugezählt.

Formenstricken, Strümpfe

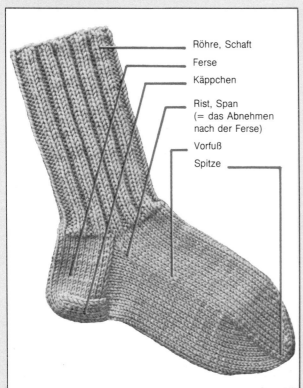

- Röhre, Schaft
- Ferse
- Käppchen
- Rist, Span (= das Abnehmen nach der Ferse)
- Vorfuß
- Spitze

Für die Berechnung des Maschenanschlags beim Socken wird der Umfang des Beins etwas über dem Fußknöchel gemessen. Mit Hilfe der Maschenprobe wird festgelegt, wieviele Maschen angeschlagen werden müssen. Die Maschenprobe muß in diesem Fall beim Auszählen der Maschen etwas gedehnt werden. Wird das Bündchen 2 Maschen rechts, 2 Maschen links gestrickt, muß die Maschenzahl durch 4 teilbar sein (1 Mustersatz). Alle weiteren Maschen oder Reihen werden von den Anschlagmaschen aus berechnet.

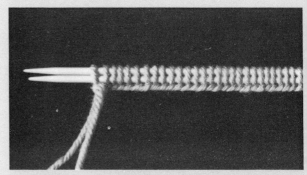

Für den Kreuzanschlag den Faden ungefähr 4mal so lang wie die Stricknadeln abmessen. Anschlag beispielsweise 48 Maschen : 4 = 12 Maschen je Nadel.

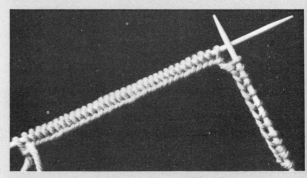

Auf die 1. Nadel 13 Maschen heben, Maschen auseinanderziehen, auf die 2. und 3. Nadel je 12 Maschen, auf der 4. Nadel bleiben noch 11 Maschen stehen.

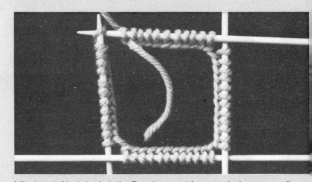

Mit der 4. Nadel wird die Runde geschlossen, indem man die 1. Masche der 1. Nadel abstrickt.
Im Wechsel 2 Maschen rechts, 2 Maschen links stricken.

Formenstricken, Strümpfe

Die Röhrenlänge nach Wunsch stricken.
Der Anschlagfaden bleibt als Richtlinie für die Runden, die Ferse usw. hängen.

Für die Ferse rechnet man die Hälfte der Maschenzahl der Röhre. Die Ferse wird mit der 4. und 1. Nadel gestrickt. Die Hinreihen werden rechts und die Rückreihen links gestrickt.

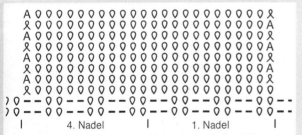

Reihenzahl = 2 bis 4 Maschen weniger als die Hälfte der Anschlagmaschen.

Eine Hin- und Rückreihe ergibt am Rand 1 Randmasche.

Für die Fersenhöhe rechnet man 2 bis 4 Reihen weniger als die Maschenzahl der Ferse, 24 − 4 = 20. 20 Reihen ergeben 10 Randmaschen.

Wenn die 10 Randmaschen gestrickt sind, bis zur Mitte der Ferse stricken und einen andersfarbigen Faden zur Kennzeichnung einlegen.

281

Formenstricken, Strümpfe

Für das Käppchen rechnet man ein Drittel der Fersenmaschen, 24 : 3 = 8. Von der Mitte aus 3 Maschen stricken und die 4. mit der 5. Masche rechts verschränkt zusammenstricken.

Strickerei wenden. 1. Masche links abheben und wieder die 7. Masche mit der 8. Masche rechts verschränkt zusammenstricken.

Strickerei wenden, 1. Masche links abheben.

Strickerei wenden und wieder links zusammenstricken, bis beidseitig die Fersenmaschen mit den Käppchenmaschen zusammengestrickt sind. Dann bis zur Mitte stricken.

6 Maschen links abstricken, 7. und 8. Masche links verschränkt zusammengestrickt.

Das Käppchen etwas umlegen und mit der Käppchennadel die Randmaschenglieder der Ferse von außen nach innen auffassen.

Formenstricken, Strümpfe

Auf der anderen Seite mit der Käppchennadel die Randmaschenglieder der Ferse von außen nach innen auffassen.

Die Randmaschen der 4. Nadel werden rechts gestrickt. Nun wird noch eine Runde rechte Maschen gestrickt.

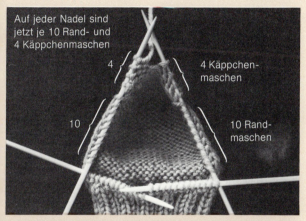

Auf jeder Nadel sind jetzt je 10 Rand- und 4 Käppchenmaschen

4 — 4 Käppchenmaschen
10 — 10 Randmaschen

Für das Abnehmen des Rists werden am Ende der 1. Nadel die letzten 2 Maschen rechts zusammengestrickt . . .

Die Randmaschen der 1. Nadel werden rechts verschränkt gestrickt.
Die 2. und 3. Nadel der Röhre rechts stricken.

. . . und auf der 4. Nadel die 1. und 2. Masche rechts zusammengestrickt. 2 Runden rechts stricken, beidseitig wieder abnehmen und dann sind auf jeder Nadel wieder 12 Maschen wie bei der Röhre. Den Füßling bis zum Ballen stricken.

283

Formenstricken, Strümpfe

Für das Sternabnehmen der Spitze auf jeder Nadel die letzten 2 Maschen rechts zusammenstricken, 1 Runde rechts stricken, abnehmen, bis auf jeder Nadel noch 5 Maschen sind, ...

... dann in jeder Runde abnehmen, bis auf jeder Nadel noch 2 Maschen, also insgesamt 8 Maschen sind.

Mit einer Stopfnadel wird der Faden 2mal durch die Maschen gezogen, die Nadel im Mittelloch durchgesteckt, der Socken gewendet und der Faden innen vernäht.

Ausbessern einer Ferse:

Durch die starke Beanspruchung der gestrickten Fersen (Reibung mit dem Schuh) entstehen hier sehr häufig Schadstellen.

Durch die Strickweise der Ferse ist es jedoch nicht schwer, die schadhafte Stelle herauszulösen, die Maschen auf die Nadel zu nehmen und eine neue Ferse einzustricken.

1 Eine Maschenreihe über der Röhre wird in der Mitte 1 Masche aufgeschnitten.

2 Die Maschenreihe sorgfältig auslösen und die Maschen auffassen.

Formenstricken, Strümpfe

3 Beim Ausschneiden der Ferse bleiben seitwärts 2 Randmaschen stehen.

6 Die letzte Fersenmasche mit einer seitwärts aufgefaßten Masche rechts verschränkt zusammenstricken. Wenden.

9 Die für das Käppchen stehengelassenen Maschen mit dem Rechtsmaschenstich zusammenmaschen.

4 Diese Maschen sorgfältig auslösen...

7 Die 1. Masche abheben und die letzte Masche mit einer aufgefaßten Seitenmasche links zusammenstricken.

10 Neu eingestrickte Ferse (Außenseite).

5 ...und beidseitig auffassen. Die Maschen für das Käppchen auf einen Faden auffassen.

8 Das Käppchen wie beim Socken einteilen und stricken.

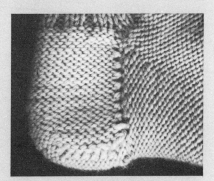

11 Die Innenseiten der neuen Ferse.

285

Formenstricken, Strümpfe

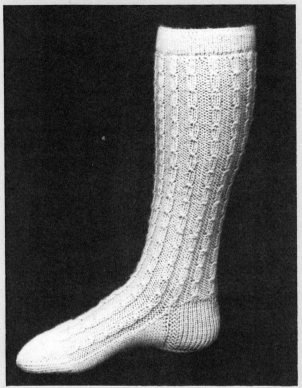

Für den Kniestrumpf wird der größte Umfang der Wade gemessen und der Umfang des Beines etwas über dem Fußknöchel. Der Wadenumfang ergibt die benötigten Maschen für den Anschlag. Das Maß über dem Knöchel zeigt, wie viele Maschen im Verlauf der Strumpfröhre abgenommen werden müssen. Senkrecht mißt man vom Strumpfbund bis zum größten Wadenumfang. Von dort bis zum Wadenende und dann bis zum Beginn der Ferse.
Die Ferse ergibt sich automatisch aus der entsprechenden Maschenzahl. Länge des Füßlings und der Spitze können gemessen werden.
Es empfiehlt sich, während der Strickarbeit immer wieder in den werdenden Strumpf hineinzuschlüpfen und so den Fortgang der Arbeit zu überprüfen. Diese Kontrolle ist letzten Endes zuverlässiger als alles Messen.
Die benötigten Maschen werden nach einer Maschenprobe festgestellt, in unserem Fall wurden 70 Maschen angeschlagen.

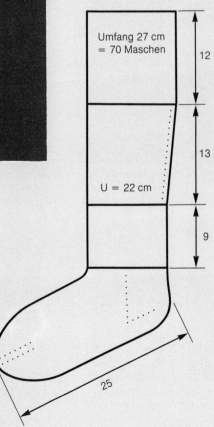

Formenstricken, Strümpfe

1 Für den Doppelrand 10 Runden rechts stricken. Für die Randkante 2 Runden linke Maschen stricken, danach wieder 10 Runden rechts stricken.

4 Für den Einzug des Gummibandes werden einige Maschen rechts gestrickt und die Maschen der Hilfsnadel bleiben liegen.

2 Für das Zusammenstricken des Doppelrandes werden die Anschlagmaschen aufgefaßt.

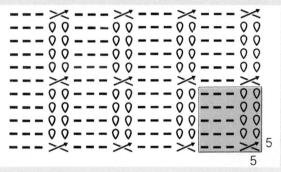

Da der Mustersatz aus 5 Maschen besteht, ergeben 70 Maschen 14mal das Muster.
Nach dem Zusammenstricken noch 1 Runde rechts stricken.
Auf die 1. und 4. Nadel je 4 und auf die 2. und 3. Nadel je 3 Muster stricken.
Bis zum nächsten Abnehmen 10 cm stricken.
Nach dem Zusammenstricken noch 1 Runde rechts stricken.
Werden die Strümpfe mit Muster gestrickt, wie in unserem Beispiel, so müssen die Maschen entsprechend dem Mustersatz auf die Nadeln verteilt werden.
Die Maschenzahl muß sich durch den Mustersatz teilen lassen. Hat man das nicht schon beim Anschlag berücksichtigt, so kann jetzt noch die Korrektur der Maschenzahl vorgenommen werden.
Unser Beispiel: 70 Maschen, Mustersatz 5 Maschen ergibt 70 : 5 = 14mal den Mustersatz.
Da sich 14 Muster auf 4 Nadeln nicht gleichmäßig verteilen lassen, nimmt man auf die 1. und 4. Nadel je 4 Muster (20 Maschen), auf die 2. und 3. Nadel je 3 Muster (15 Maschen).
Nun bis zum Abnehmen stricken (bis zum größten Wadenumfang).

3 Beim Zusammenstricken in die vordere Masche rechts und in die Masche der Hilfsnadel verschränkt einstechen, die Maschen zusammenstricken.

Formenstricken, Strümpfe

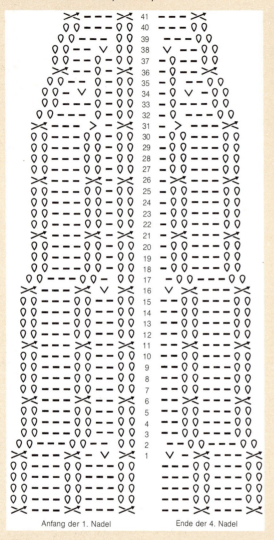

Anfang der 1. Nadel   Ende der 4. Nadel

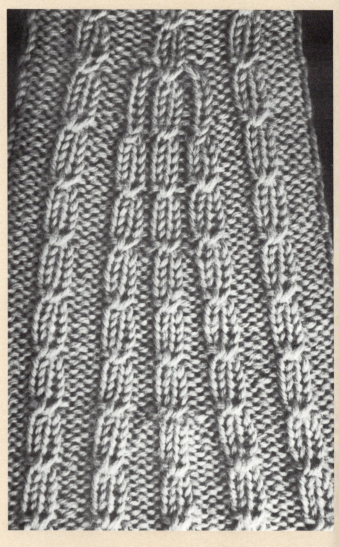

Beim Abnehmen sind beidseitig nur je 1 Mustersatz mit 5 Maschen abgenommen worden.
Um ein der Wadenlänge entsprechendes Abnehmen zu erreichen, ist mit dem Abnehmen (siehe Symbolschrift) schon sehr weit oben begonnen worden.
Wie aus der Symbolschrift zu ersehen ist, verlaufen die Zwischenrunden nicht gleichmäßig, zur unteren Wade hin erfordert dieses Muster rasch aufeinanderfolgende Abnahmen.
In der Mitte wird ein Kreuzmuster durchgehend gestrickt.
Damit die Wadenverjüngung nicht zu steil ausläuft, sollten nach Möglichkeit eher mehr Zwischenrunden gestrickt werden.

Formenstricken, Strümpfe

Nach den Wadenabnahmen noch etwa 7 cm gerade weiterstricken. Die Sportferse wird mit 2 Nadeln gestrickt. Nach und vor den Randmaschen 2 Maschen kraus stricken. Fersenhöhe: Fersenmaschen 32 − 6 = 26 Reihen = 13 Randmaschen.

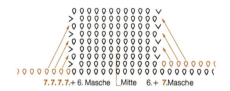

Käppchen: Fersenmaschen 32 : 3 = 10 + 2 Maschen Rest. Der Rest wird zum Käppchen gerechnet, so daß für das Käppchen 12 Maschen : 2 = 6 Maschen auf jeder Nadel liegen.

Das Auffassen der Ristmaschen erfolgt wie beim Socken beschrieben (Seite 283).

Bei der 1. Nadel werden die Ristmaschen rechts zusammengestrickt. Das Kreuzmuster läuft über dem Oberfuß weiter.

Von der Mitte aus werden nun die 6. und 7. Masche verschränkt zusammengestrickt. Die Ferse wenden, zurückstricken und auf der 2. Nadel auch die 6. und 7. Masche links zusammenstricken, wenden usw., bis die Fersenmaschen eingestrickt sind.

Bei der 4. Nadel am Anfang die 2 Maschen überzogen zusammenstricken.

Formenstricken, Strümpfe

Wenn auf jeder Nadel nur noch 6 Maschen sind, dann in jeder Reihe abnehmen.

Fersenmitte

Nach dem Ristabnehmen den Vorfuß bis zur kleinen Zehe stricken.
Die Maschen nochmals nachzählen: je 16 Maschen pro Nadel.
Für die Bandspitze werden auf der 1. und 3. Nadel am Ende die zweitletzte und drittletzte Masche rechts zusammengestrickt.
Auf der 2. und 4. Nadel werden am Anfang die 2. und 3. Masche überzogen zusammengestrickt.
Dann 1 Runde rechts stricken, abnehmen usw., bis auf jeder Nadel noch 6 Maschen sind. Danach in jeder Runde abnehmen, bis auf je 2 Maschen.
Diese Maschen mit dem Faden durchziehen, diesen nach innen ziehen und vernähen.

Formenstricken, Strümpfe

Die Abnahmen für die Fußspitze können, im Unterschied zur Bandspitze, auch gleichmäßig verteilt werden. Auf jeder Nadel wird 2mal abgenommen.

Beispiel 1:
56 Maschen : 4 = 14 : 2 = 7 Maschen, das heißt, bei der 1. Runde werden in der Mitte und am Rand die 6. und 7. Masche rechts zusammengestrickt. Dann müssen soviele Runden rechts gestrickt werden, wie Maschen zwischen den Abnahmen liegen, das sind nach der Symbolschrift 5 Runden. Mit jedem Abnehmen verringern sich die Zwischenrunden.

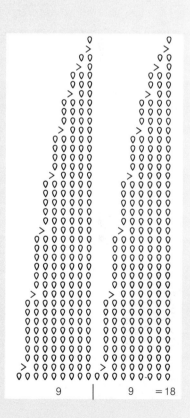

Beispiel 2:
72 Maschen : 4 = 18 : 2 = 9 Maschen, das heißt, bei der 1. Runde jeweils die 8. und 9. Masche rechts zusammenstricken.

291

Formenstricken, Strümpfe

Hier werden 2 weitere Möglichkeiten der Wadenabnahme gezeigt.
Bei der 1. Art sind die Zwischenrunden gleich hoch. Beidseitig der rückwärtigen Mitte werden je 3 Maschen zusammengestrickt (siehe Symbolschrift). In der Mitte wird durchgehend 1 linke Masche gestrickt. Das Strickbild bewirkt außerdem optisch eine schlanke Wadenform.

Das Abnehmen beginnt in der entsprechenden Reihe immer auf der 4. Nadel. Es wird jeweils nur 1mal auf der 4. und 1mal auf der 1. Nadel abgenommen.

Bei der 2. Art werden 2mal der Mustersatz, je Seite 8 Maschen, abgenommen. Hier sind die Zwischenrunden verschieden. Das erfordert ein rasch aufeinanderfolgendes Abnehmen (siehe Symbolschrift), um ein gleichlaufendes Bild zu erreichen. In der Mitte laufen 3 rechte Maschen wie ein Band durch.

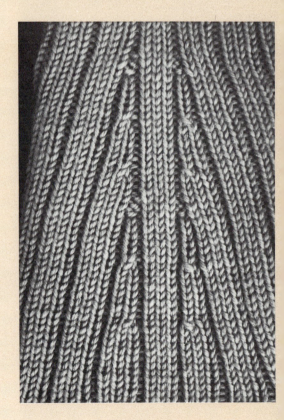

Formenstricken, Strümpfe

Eine weitere Fersenform ist die Keilferse. Ausgehend von 60 Schaftmaschen, befinden sich auf jeder Nadel 15 Maschen. Die Ferse wird über 2 Nadelbreiten, also 30 Maschen gestrickt. Fersenmaschen auf 1 Nadel nehmen.
Für die Fersenhöhe rechnet man etwa $^1/_3$ Reihen weniger als Maschen auf der Nadel sind: 30 − 10 = 20 Reihen : 2 = 10 Randmaschen.
Für den Fersenrand werden auf der rechten Seite nach der Randmasche 1 Masche links und am Ende vor der Randmasche 1 Masche links gestrickt. Die Rückreihen links stricken.

Nach erreichter Fersenhöhe von der Mitte nach links 2 Maschen rechts stricken, 2 Maschen überzogen zusammenstricken und dazu 1 Masche rechts stricken.

Ferse wenden, 1. Masche abheben und bis zur Mitte stricken, weiter 2 Maschen links, dann 2 Maschen links zusammenstricken, dazu noch 1 Masche links stricken.
Ferse wenden, 1. Masche abheben und nach der Symbolschrift weiterstricken.

Die Ristmaschen auffassen wie beim Socken (Seite 283).
Für den Rist sind jetzt je 10 Randmaschen und 9 Käppchenmaschen vorhanden. Um wieder auf die Maschenzahl 15 zu kommen, ergeben sich beidseitig je 4 Maschen zum Abnehmen.

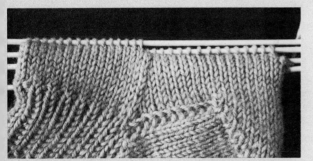

Um den Rist nicht zu lang zu stricken, werden beidseitig schon in der 1. Runde bei der 1. Nadel am Ende und bei der 4. Nadel am Anfang je 2 Maschen rechts zusammengestrickt, 2 Runden rechts, abnehmen usw.

Formenstricken, Strumpfhose, kurze Hose

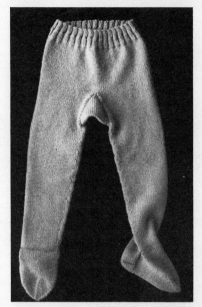

Man beginnt am oberen Rand. Taillenumfang messen und danach die Maschen berechnen. Unser Beispiel: 128 Maschen.

8 Runden 2 Maschen rechts, 2 Maschen links stricken. Dann eine Lochreihe für den Gummidurchzug. Noch 4 weitere Runden stricken.

Für das Rückenteil wird eine Erhöhung gestrickt. 6 Maschen vor dem Ende der Runde beginnen. 12 Maschen rechts stricken, wenden. 1. Masche abheben und 11 Maschen plus 6 weiterer Maschen links stricken. Wenden. Am Ende wieder 6 Maschen dazustricken usw., bis in der Mitte etwa 2 cm erhöht wurde.

In der Runde werden nun 13 cm glatt gestrickt (danach Beginn der Beine). Für die Zwickelöffnung die Maschen gleichmäßig teilen. Darauf achten, daß die rückwärtige Erhöhung genau in der Mitte einer Teilung liegt. Am Anfang und Ende der Teilung je 1 Masche zusätzlich herausstricken. Man benötigt sie zum Einnähen des Zwickels.

Beide Hälften werden separat 6 cm hoch weitergestrickt.
Auf einer Seite muß dazu ein neuer Faden genommen werden.
Nun die Maschen eines Teiles auf 4 Nadeln gleichmäßig verteilen. Die zusätzlich gestrickten Maschen werden gleich in der 1. Runde am Beginn der 1. und am Ende der 4. Nadel zusammengestrickt.

Das Abnehmen der Röhre nach der Symbolschrift so lange stricken, bis auf jeder Nadel nur noch 10 Maschen liegen. Das Abnehmen erfolgt auf der Innenseite des Beins.

Nun kann mit der Ferse begonnen werden. Damit diese sicher auf der richtigen Seite liegt, ist es ratsam, die Hose zusammenzulegen. Auf der Seite der Erhöhung (Rücken) müssen auch die Fersen liegen. Ferse und Fuß wie beim Socken (Seite 281ff.) stricken.

Den Zwickel nach der Symbolschrift 6 cm bis zur Hälfte stricken und dann wieder abnehmen. Den Zwickel mit Steppstichen einnähen. In den Bund ein schmales Gummiband einziehen.

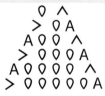

Abnehmen der Strumpfröhren

Formenstricken, Strumpfhose, kurze Hose

Der eingestrickte Zwickel wird gleich in der Runde mitgestrickt.
Die Maschen teilen 128 : 2 = 64, beidseitig einen Faden einlegen.

Nun werden nach der Symbolschrift aus der letzten Masche vor dem Faden und aus der 1. Masche nach dem Faden je 1 Masche rechts verschränkt herausgestrickt, 1 Runde rechts usw.

Bei diesem Zwickel wurde 12mal aufgenommen.
Die Zwickelmaschen mit Fäden durchziehen und beidseitig die Röhren der Strumpfhose mit Ferse, Vorfuß und Spitze fertigstricken.

Die Zwickelmaschen auf 2 kurze Nadeln auffassen und mit dem Maschenstich verbinden.

Diese kurze Hose wird von den Beinbündchen aus gestrickt. Zuerst beide Bündchen stricken. Die Maschen stilllegen. Nun vom ersten Bein die Hälfte der Maschen auf die Nadel geben. Dann für den Zwickel, je nach Größe der Hose, Maschen aufschlingen. Nun die Hälfte des 2. Bündchens auffassen.

In jeder Hinreihe wird nach der 2. und vor der vorletzten Masche eine Masche rechts verschränkt aus dem Querfaden gestrickt. In der Mitte wird die letzte

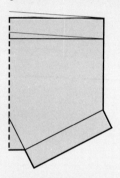

Beinmasche mit der ersten Zwickelmasche überzogen zusammengestrickt. Die letzte Zwickelmasche mit der ersten Hosenmasche rechts zusammenstricken. Ist der Zwickel abgenommen, wird links und rechts der beiden mittleren Maschen zusammengestrickt.

Ist die gewünschte Seitenhöhe erreicht, werden beim Vorderteil in jeder Hinreihe links und rechts jeweils 2 Maschen stillgelegt, bis nur noch 8 Maschen übrig sind.
Das Rückenteil wird gleich gearbeitet, nur wird beim Abnehmen 2mal je 2 Maschen und 1mal je 1 Masche stillgelegt.
Dann kann das gewünschte Bündchen gestrickt und die Teile mit Maschenstich zusammengenäht werden.

Formenstricken, Bettschuhe

Für den persönlichen Gebrauch, aber auch als Geschenk sind Bettschuhe immer wieder gefragt und auch willkommen. Hier sind sie im Patentmuster gestrickt.
Umschlag 12 Maschen. 10 Maschen = 5mal der Mustersatz + 2 Randmaschen.

Den Fersenteil etwa 12 cm hoch stricken. Zum Abschluß muß der Faden links liegen.

Mit einem neuen Faden beginnt man vom Anschlag aus die

Maschen aus den Randmaschen herauszuholen. In der Ecke die letzte Randmasche auf die 1. Nadel heben. Aus der Randmasche und der 1. Masche zusammen 1 Masche herausholen.

Mit dem Faden der Fersennadel die Maschen der 2. Seite auffassen.

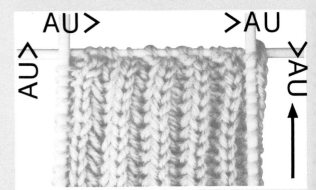

Bei dem Anschlag beginnen. Die Maschen der Breitseite müssen durch 3 teilbar sein, damit der Mustersatz für das Patentmuster auf der Schmalseite ohne Bruch weiterläuft.

In Hin- und Rückreihen je nach Bedarf 12 bis 14 cm stricken. Beiseitig 6 Maschen abketten.

Formenstricken, Bettschuhe

1 Nun die Maschen gleichmäßig auf 4 Nadeln verteilen. Für die Verbindung 3 Maschen aufschlingen ...

3 Die 3 Verbindungsmaschen rechts verschränkt stricken, die nächste rechte Masche auch und den Umschlag vor die links zusammengestrickten Maschen legen usw.

2 ... und die 1. Masche rechts stricken. Nun beginnt das Rundstricken des Patentmusters, indem die tiefliegenden Maschen mit dem Umschlag links zusammengestrickt werden.

4 Für den Übergang ergeben sich in jeder 2. Runde 2 Umschläge nacheinander. Bis zur Spitzenbildung weiterstricken. Beidseitig für die Spitze in jeder Runde abnehmen. Die Maschen vom letzten Mustersatz rechts zusammenstricken.

```
v A U v A U v A U v A U v A U v A U | 3
A U > A U > A U > A U > A U > A U > | 2
- A U - A U - A U - A U - A U - A U | 1
 ϙ  ϙ  ϙ  ϙ  ϙ  ϙ  ϙ  ϙ  ϙ  ϙ  ϙ  ϙ
```

Die Symbolschrift zeigt das Patentmuster, wenn in Runden gestrickt wird.

```
- A U - A U - A U - A U - A U - A U | 3
-  >  -  >  -  >  -  >  -  >  -  >  | 2
- A U - A U - A U - A U - A U - A U | 1
 ϙ  ϙ  ϙ  ϙ  ϙ  ϙ  ϙ  ϙ  ϙ  ϙ  ϙ  ϙ
```

Die Symbolschrift zeigt das Halbpatentmuster, wenn in Runden gestrickt wird.

Die nächste, tiefliegende Masche mit dem Umschlag links zusammenstricken. Die nächste, obenliegende rechte Masche abheben. Den Umschlag mit der nächsten Masche rechts zusammenstricken und die abgehobene Masche überziehen.

Formenstricken, Babyschuhe

1 Anschlag 44 Maschen. Den Schaft 5 cm hoch 1 Masche rechts, 1 Masche links stricken. Die Lochreihe für die Kordel nach Symbolschrift stricken. Dann 2 Runden rechts stricken.

Für den oberen Vorfuß 14 Maschen auf 1 Nadel geben. Auf die beiden anderen Nadeln entfallen je 15 Maschen. Das Muster für den Vorfuß nach der Symbolschrift stricken.

3 Mit der Linksrunde beginnt man hinten in der Mitte.

Der Wechsel zur Rechtsrunde erfolgt wieder auf der 1. Nadel.

5 Nun werden vorne die Maschen geteilt und beidseitig auf die Seitennadeln gegeben.
In der Rechtsrunde werden am Anfang der 1., am Ende der 2., am Anfang der 3. und am Ende der 4. Nadel jeweils die 2. und 3. Masche rechts zusammengestrickt.
Dann wieder 1 Runde links, 1 Runde rechts mit Abnahmen, 1 Runde links und zum Abschluß 1 Runde rechts für das Zusammenmaschen.

2 Nach 20 Reihen für den Vorfuß an beiden Seiten je 10 Randmaschen auffassen.

4 5 Runden kraus stricken, abwechselnd 1 Runde rechts und 1 Runde links.

6 Die Maschen auf 2 Nadeln geben und mit dem Maschenstich verbinden. Die geknüpfte Fingerschnur einziehen und mit Quasten abschließen.

Formenstricken, Babyschuhe

Anschlag 48 Maschen. Nach der Symbolschrift den Schaft 7 cm hoch stricken.

```
- - ⋈ - - ⋈
- - ○ ○ - - ○ ○
- - ⋈ - - ⋈
```

Die Lochreihe nach der Symbolschrift stricken. Dabei beachten, daß aus dem Umschlag 2 Maschen links zu stricken sind.

```
- - ○ ○ - - ○ ○
U > ∧ U > ∧
- - ○ ○ - - ○ ○
- - ⋈ - - ⋈
```

```
ℛ - - ⋈ - - ⋈ - - ⋈ - - A
A - - ○ ○ - - ○ ○ - - ○ ○ - - ℛ
ℛ - - ⋈ - - ⋈ - - ⋈ - - ○
```

Für den oberen Vorfuß 3 Mustersätze, 2 linke Maschen und dazu beidseitig je 1 Randmasche stricken.
Dieser Teil wird 7 bis 8 cm lang.

Wie beim 1. Modell die Randmaschen auffassen und 6 Runden kraus stricken.

Für den Durchzug eine Kordel knüpfen oder stricken und nach dem Einziehen mit Pompons abschließen.

Für die Sohle hinten und vorne je 10 Maschen auf 1. Nadel geben.
Seitwärts bleiben die Maschen auf den Nadeln zum Einstricken der Sohle.
Die letzte Masche der Sohlennadel mit der 1. Masche der Seitennadel rechts verschränkt zusammenstricken.

Die Strickerei wenden, die 1. Masche abheben und zurückstricken und ebenfalls die letzte Masche mit einer Masche der Seitennadel nun links zusammenstricken usw., bis alle Seitenmaschen eingestrickt sind.

Die 1. Masche der Sohlennadel auf die Stopfnadel nehmen und von unten in die Masche des Vorfußes einstechen.

Dann wieder in die Masche der Sohle einstechen und 1 neue Masche dazu auffassen.

Formenstricken, Rundpasse

Rundpassen haben den Vorteil, daß sie mehr Bewegungsfreiheit geben.
Die Mustergestaltung kann sehr vielseitig sein, wie man es nicht nur bei den Norwegermustern immer wieder sieht. Entscheidend ist hier, die Abnahmen richtig zu plazieren.

Normalerweise werden bei Rundpassen Vorder- und Rückenteil bis zum Armausschnitt gleichmäßig hoch gestrickt. Dann liegt aber der Halsausschnitt später nicht exakt rund, sondern steht vorne etwas hoch. Um dies zu vermeiden, kann man das Vorderteil unterhalb der Passe 3 bis 4 cm durch verkürzte Reihen vertiefen.
Je nach der Größe des Vorderteils in der Mitte 6 bis 10 Maschen liegen lassen.
Die Rückreihe bis zu den liegengebliebenen Maschen zurückstricken. Die Strickerei wenden, den Faden zwischen der letzten Masche nach hinten legen und wieder zurückstricken.

Zuerst links die Reihen verkürzen, dann den gleichen Vorgang rechts wiederholen.
Nun wird die ganze Reihe rechts abgestrickt. Die Maschen zwischen den Lücken mit dieser Strickreihe fest zusammenziehen.

Soll noch mehr Bewegungsfreiheit erzielt werden, beginnt man mit der Passe oberhalb der Armausschnitte. Vorder-, Rückenteil und Ärmel werden bis zu diesem Ansatz zusammengenäht und dann alle Maschen auf eine Rundnadel genommen. Will man die Armausschnittnähte vermeiden, kann man 8 bis 10 Reihen Abnahmen (Raglanschnitt) stricken.
Die Maschen werden folgendermaßen auf die Rundnadel genommen: Vorderteil, 1. Ärmel, Rückenteil. 2. Ärmel.

Mit dem Stricken beginnt man auf einer Achsel, ebenso mit dem Wechsel der Farben, da hier die Übergänge nicht so auffallen.
Die Abnahmen erfolgen nicht wie beim Raglan an den Stellen wo Ärmel und Vorder- und Rückenteil zusammenstoßen, sondern über die ganze Runde verteilt. Es gibt 3 Möglichkeiten:
1. Die Abnahmen können durch unregelmäßige Verteilung versteckt erfolgen.
2. Die Abnahmen werden regelmäßig verteilt (Strahlenabnahme). Diese »Strahlen« können gleichzeitig als Schmuck dienen.
3. Die Abnahmen in einem mehrfarbigen Jacquardmuster, zum Beispiel Norwegermuster, werden direkt in das Muster eingearbeitet.

Wieviele Maschen abgenommen werden müssen, läßt sich leicht errechnen. Die Maschenzahl des Halsausschnittes wird von der Maschenzahl abgezogen, die Vorder- und Rückenteil und beide Ärmel am Beginn der Rundpasse haben, Nun muß noch festgestellt werden, wieviele Reihen vom Halsausschnitt bis zum Beginn der Rundpasse benötigt werden (über die Schulter messen). In dieser Reihenzahl müssen die entsprechenden Maschen abgenommen werden.
Dann in der 1. Runde die Maschen zählen und die Abnahmestellen mit großen Vorstichen markieren. So erspart man sich bei der Strahlenabnahme das dauernde Rechnen und Zählen, denn

Formenstricken, Rundpasse

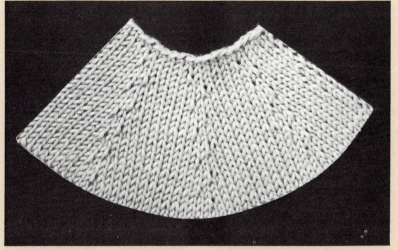
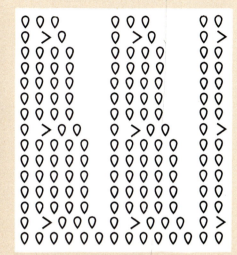

die Abnahmen liegen immer senkrecht über der Markierungsstelle. Sollte das Strickmuster um einige Maschen nicht ausgehen, können diese auf den Oberarmen aufgeteilt werden.

So wie man von unten nach oben abnimmt, kann umgekehrt von oben nach unten aufgenommen werden. Den Pollover strickt man dann vom Halsausschnitt in Richtung Taillenbund. Die gemusterte Passe (unten) wurde auf diese Weise gestrickt.

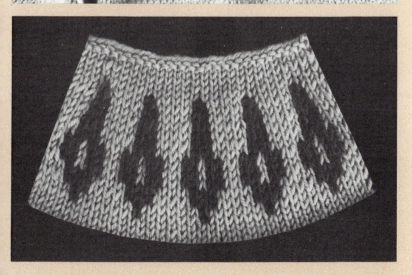

Formenstricken, Röcke

Bei ausgestellten Röcken kaschieren Zugmaschen die Abnahmen. Gleichzeitig betonen sie den Schnitt und machen schlank.

Je nach dem gewünschten Abnehmen erfolgt das Zusammenstricken im Wechsel nach 6 bis 10 Runden.

Für die Zugmaschen auf der Vorderseite 1 Umschlag legen.

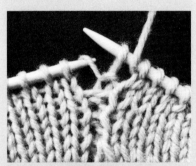

Auf der Rückseite den Faden vor die Nadel legen, die Zugmasche abheben und den Umschlag fallen lassen.

Für das Abnehmen im Wechsel der Runden jeweils rechts, dann links der Zugmaschen je 2 Maschen zusammenstricken.

Formenstricken, Röcke

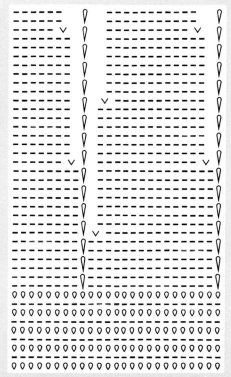

Dieses Trägerröckchen ist sehr leicht nachzuarbeiten.
Die Oberweite ist Basis der Maschenberechnung.
Das Vorderteil wird um einen Mustersatz (siehe Symbolschrift) erweitert, so daß in der Mitte bis zum Halsausschnitt 2 Zugmaschenreihen laufen. In unserem Beispiel wurde das Vorderteil mit 7 Mustersätzen gearbeitet, dazu kommen 1 Zugmasche und 2 Randmaschen.
Das Rückenteil wurde mit 6 Mustersätzen gestrickt. Beim 1. Mustersatz entfällt die Zugmasche. 2 Randmaschen werden dazu gezählt. Beim Zusammennähen von Vorder- und Rückenteil verdeckt die Zugmasche des Vorderteils die Seitennaht.
Rocklänge und gewünschte -weite bestimmen, wieviele Maschen abgenommen werden: Abnahmen je Mustersatz multipliziert mit der Anzahl der Mustersätze und der Anzahl der Abnahmerunden. Diese ermittelte Zahl zuzüglich der Maschen der Oberweite ergibt die Anzahl der Anschlagmaschen.
Das Oberteil wird nach Abschluß der seitlichen Zugmaschen gerade hoch gestrickt.
Armausschnitte und Halsausschnitt sind mit festen Maschen umhäkelt.

Formenstricken, Röcke

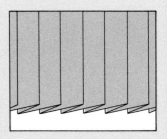

Falten werden in 2 Gruppen eingeteilt. Es gibt die sogenannten echten Falten und die Scheinfalten. Echte Falten sind charakterisiert durch eine Ober- und Unterfalte. Sie liegen entweder in einer Richtung oder gegengleich (Kellerfalte). Die Anordnung kann in Gruppen oder rundherum in gleichen Abständen erfolgen. Auf dieser Seite sind die gleichlaufenden Falten zu sehen. Die Unterfalte ist halb so breit wie die Oberfalte. Die Maschenfolge ist in unserem Beispiel: 7 Maschen Unterfalte, dann 1 linke Masche, 14 Maschen Oberfalte, dann 1 Zugmasche, 7 Maschen Unterfalte usw.
Basis für die Berechnung der Anschlagmaschen ist die Hüftweite. Die Abnahmen bis zur Taille arbeitet man in die Unterfalte, im Wechsel der Runden jeweils rechts, dann links der Linksmaschenreihe. Auf der Innenseite wird an der unteren Kante ein Nahtband mit Überwendlingsstichen angenäht.

Formenstricken, Röcke

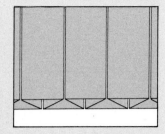

Kellerfalten sind gegenseitig zusammengelegt. Die Zugmaschen der Oberfalten stoßen aneinander.
Die Maschenfolge in unserem Beispiel: 16 Maschen Oberfalte, dann 1 Zugmasche, 8 Maschen Unterfalte, dann 1 linke Masche, 16 Maschen Innenfalte, dann 1 linke Masche, 8 Maschen Unterfalte, dann 1 Zugmasche und noch einmal 16 Maschen für die Oberfalte.
Die Abnahmen von der Hüfte bis zur Taille erfolgen auch hier seitlich der Linksmaschenreihen, im Wechsel der Runden einmal außen und einmal innen. Die untere Rockkante wird innen mit einem Nahtband stabilisiert.

Formenstricken, Röcke

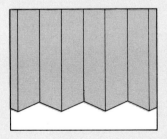

Scheinfalten haben weder Unter- noch Oberfalte. Sie können nur im Krausgrund gestrickt werden.
Das Aufnehmen erfolgt in bestimmten Abständen immer nur in der Faltentiefe. Seitlich der Linksmaschenreihe werden im Wechsel der Zunahmerunden einmal rechts und dann links je 2 Maschen aus 1 Masche herausgestrickt.

Formenstricken, Röcke

Scheinfaltenröcke sind besonders geeignet für Kinder und große, schmalhüftige Figuren. Beim Kinderrock sollte man zum besseren Halt noch zusätzlich Träger anarbeiten.
Da diese Röcke von der Taille aus gestrickt werden, können sie jederzeit verlängert oder verkürzt werden.
Für den Taillenbund die entsprechenden Maschen anschlagen, die Höhe glatt rechts stricken. Dann 1 Runde linke Maschen für die Kante und noch einmal die Höhe.
Jetzt den Doppelrand zusammenstricken. Für den Einzug des Gummibandes eine kleine Öffnung lassen. Hierzu nur die Maschen der vorderen Nadel abstricken, die aufgefaßten Anschlagmaschen der hinteren Nadel fallen lassen.
In unserem Beispiel hat der Mustersatz (siehe Symbolschrift) zu Beginn 5 Maschen.

Das Aufnehmen erfolgt jeweils nur in den rechten Runden. Im Wechsel der Zunahmerunden einmal seitlich rechts und einmal seitlich links der Linksmaschenreihe aus 1 rechten Masche zusätzlich 1 rechts verschränkte Masche herausstricken.
Eine schlichte Bordürenwirkung wurde hier durch eine 2. Farbe erzielt.
Die untere Rockkante muß in diesem Fall nicht von innen formstabilisiert werden.
Glockenröcke werden ebenfalls von der Taille aus gestrickt.
Die Zunahmen erfolgen strahlenförmig. Die Stricktechnik ist im Kapitel »Formenstricken, rund« auf Seite 270 erklärt. Die Symbolschrift zeigt dort ein Zunehmen, durch das ein kreisrunder Rock entsteht. Erfolgt das Zunehmen in größeren Abständen, so wird der Rock weniger weit.

Anhang, Strickfertigkeiten, Tips

1 Auffassen gefallener Maschen im Rechtsgrund. Mit der Stricknadel in die gefallene Masche von vorne einstechen.

2 Den darüberliegenden Querfaden dazu auffassen.

3 Die Masche über den Querfaden heben, die Masche gleichmäßig ziehen, den nächsten Faden auffassen usw.

4 Auffassen mit der Häkelnadel. Die Masche und den Querfaden mit einer nicht zu dicken Nadel auffassen.

5 Den Querfaden vorsichtig durch die Masche ziehen, die Masche gleichmäßig richten.
Sollte die Masche im Linksgrund gefallen sein, wird die Arbeit gewendet, so daß wieder eine rechte Masche aufzufassen ist.

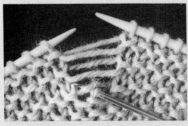

1 Auffassen der Maschen im Krausgrund. Die rechte Masche und den Querfaden auffassen.

2 Den Querfaden vorsichtig durch die Masche ziehen.

3 Die Nadel aus der Masche nehmen und von hinten wieder einstechen.

4 Für die linke Masche den Querfaden vorsichtig nach hinten durchziehen.

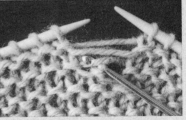

5 Die nächste Masche wieder als rechte Masche von vorne einstechen usw.

Anhang, Strickfertigkeiten, Tips

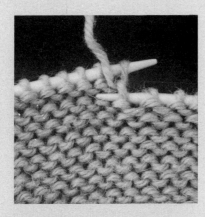

Zurücklösen von Maschen. Wenn bei einem Fehler nur 2 oder 3 Reihen aufgetrennt werden müssen, ist es einfacher, die Maschen in Hin- und Rückreihen zurückzulösen. Im Rechtsgrund sticht man von hinten in die unteren Maschen und läßt die oberen Maschen dann von der linken Nadel gleiten. Der Faden ist um den Zeigefinger gewickelt und wird laufend angezogen. Im Linksgrund sticht man ebenfalls von hinten in die unteren Maschen, so liegen die Maschen für das Weiterstricken gleich richtig auf der Nadel.

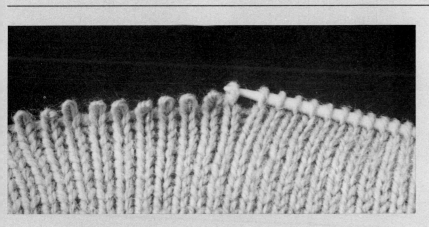

Auffassen ausgelöster Maschen. Werden ausgelöste oder stillgelegte Maschen wieder aufgenommen, ist zu beachten, daß die Maschen nicht verdreht auf die Nadel kommen. Man sticht deshalb von hinten in die Maschen, und zwar sehr vorsichtig, damit sich die nächste Masche nicht auflöst.

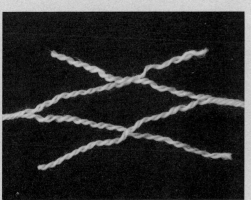

Einstricken eines neuen Fadens. Das Einstricken sollte immer am Rand einer Strickerei erfolgen, auch wenn dabei etwas Wolle verschenkt wird. Es gibt 2 Möglichkeiten.

1 Den alten und den neuen Faden bis zu 20 Zentimeter aufdrehen und teilen. Dann die Hälften des alten und neuen Fadens übereinanderlegen und diese bis zu 10 Maschen zusammenstricken. Die liegengebliebenen halben Fäden in der Gegenrichtung unsichtbar vernähen.

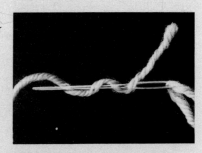

2 Den neuen Faden mit einer Sticknadel einige Zentimeter durch das Fadenende der Arbeit ziehen und dann 6 bis 8 Zentimeter zusammen abstricken.

Anhang, Strickfertigkeiten, Tips

1 Gleichmäßiges Stricken. Zu locker gestrickte linke Maschen ergeben unschöne sogenannte Straßen.

2 Um dies zu vermeiden, werden die linksmaschigen Reihen mit einer dünneren Nadel gestrickt.

3 Außerdem erreicht man gleichmäßiges Stricken, indem möglichst nah an den Nadelspitzen gearbeitet wird.

1 Gurtbänder befestigt man auf der Innenseite. Anfang und Übergänge werden mit Kettmaschen gehäkelt.

2 Nach unten häkelt man Doppel- oder Mehrfachstäbchen. Entsprechend viele Umschläge legen und in der erforderlichen Tiefe in die Strickmasche stechen.

3 Dann das Stäbchen häkeln und mit 1 Kettmasche befestigen.

4 Die Stäbchen müssen so hoch sein, daß der Gummigurt leicht eingezogen werden kann.

Register

A
Abheben 40, 41
Abketten 42, 44
Abnähen 43, 45
Abnäher 216ff
Abnahmen 211ff
Ajoureffekt 200
Ajourmuster 130ff
Ärmel 224ff
Armausschnitt 222f
Armkugel 222f, 224
Aufschlingen 25, 27
Ausbessern der Ferse 284f

B
Babyschuhe 298f
Bandabnahmen 272, 278, 290
Baskenmütze 270f
Bettschuhe 296f
Blenden 230ff
Bordüren 82f, 138ff
Bündchen 224, 230f
Bündchenmuster 49
Bundtasche 242f
Buntsticken 196ff
Buntstricken 169ff

D
Doppelsaum 230
3 Maschen zusammenstricken 116, 134, 268
Dreieckig stricken 268f

E
Eingesetzte Ärmel 222f
Eingesetzte Taschen 248ff
Entwurf 47

F
Fäden vernähen 266, 273, 277f
Fadenschlinge 153
Falten 304ff
Farbwechsel 170, 172, 186, 300
Fausthandschuhe 276ff
Fersen 281f, 289, 293
Fingerhandschuhe 279f
Flachnoppe 118f
Flachrippe 114
Flächenmuster 74ff
Fledermausärmel 229
Flügelärmel 229
Formenstricken 266ff
Fransen 269

G
Gehäkelter Anschlag 21, 23
Gekreuzte Maschen 84ff
Gekreuzte Schlingen 128
Gemischte Muster 70ff
Gerader Ärmel 228
Gestrickter Anschlag 24, 26
Geteiltes Stricken 213
Grundschnitt 203f

H
Halbpatent 124
Halbpatent rundgestrickt 297
Halsausschnitte 222f, 232ff
Handschuhe 276ff
Hexenstich 198
Hochgezogene Maschen 110f, 117
Hochnoppe 120F
Hochrippe 115
Hosen 290f

K
Känguruhtasche 246
Käppchen 280, 282f, 293
Keilferse 293
Kellerfalten 305
Keulenärmel 228
Kimonoärmel 229
Kinderhäubchen 275
Kniestrümpfe 286ff
Knopfannähen 258, 265
Knopflöcher 256f
Knötchenrand 40, 41
Knotenschlinge 20f, 22f
Kordeln 253ff
Kragen 232ff
Krausgrund 48
Krausgrund rundgestrickt 224
Kreuzanschlag 12f, 14f
Kreuzanschlag, doppelter 16f, 18f
Kreuzstich 198
Kunststricken 152ff

L
Linke Masche 32f, 34f
Linksgrund 48
Links verschränkte Masche 37, 39
Lochmuster 130ff
Lochreihe 275

M
Margeritenstich 196
Maschenanschläge 12ff
Maschen auslösen 248
Maschenberechnung 208f
Maschen herausstricken 232, 263
Maschenprobe 206f
Maschenstich 196
Maßnehmen 202

Register

Maßschnitt 204f
Mausezäckchen 230
Mehrfacher Umschlag 127
Motivstricken 162ff
Musterkombinationen 100f
Mustersatz 46
Musterung 205
Mützen 270ff

N

Nadeln 8f
Nahtverbindungen 260ff
Netzpatent 125
Noppen 118ff

O

Ösen 258

P

Patent 122
Patentmuster 122ff
Patent rundgestrickt 297
Perlmuster 52
Puffärmel 228

Q

Quasten 255

R

Raglanärmel 226f
Randmaschen 40, 41
Rechte Masche 28f, 30f
Rechtsgrund 48
Rechts verschränkte Masche 36, 38
Reißverschluß 259
Reliefmuster 116f

Reverskragen 241
Rippenmuster 114f
Rist 280, 283, 289, 293
Rollkragen 223
Röcke 302ff
Röhre 280, 286ff, 292, 294
Rundpassen 300f
Rundstricken 153f, 270, 280f
Rundungen 222f

S

Säume 230ff
Schaft 280, 286ff, 292, 294
Schalkragen 235, 240
Schals 266f
Scheinfalten 306
Schlingenmuster 126ff
Schlingstich 199
Schnittkorrektur 205
Schnüren 253ff
Schnürverschluß 252
Skimütze 274
Schrägstricken 266
Schultertücher 267f
6 gekreuzte Maschen 90, 96f
Socken 280ff
Span 280, 283, 289
Spitzer Ausschnitt 213, 234f
Spitzer Kragen 239
Sportferse 289
Steppstich, doppelter 198
Sternabnahmen 273, 284f
Streifenmuster 50f
Stricken nach Schnitt 201ff
Strickpuppe 254
Strümpfe 280ff
Strumpfhose 295f
Strumpfspitzen 291

Symbole 4f
Symbolschrift 46f

T

Taschen 242ff
Trägerrock 302f

U

Überzogene Maschen 112f
Umschlag 110
Umschlag abstricken 125, 148

V

V-Ausschnitt 213, 234f
Verkürzte Reihen 294, 300
Verschlüsse 252ff
Verschränkte Maschen 36ff
Viereckige Ausschnitte 213, 238

W

Wadenabnahmen 288, 292
Werdegang eines Modells 264f
Wolle 6f
Würfelmuster 56ff

Z

Zackenmuster 68f
Zackensaum 230
Zopfmuster 90ff
Zugmaschen 102ff
Zunahmen 210, 212, 214, 215
Zusammenmaschen 262
2 gekreuzte Maschen 84
2 Maschen zusammenstricken 42, 44, 122, 125, 132
2 Zugmaschen 108
Zwickel 236, 276, 294f